목 차

구 분		핵심내용	페이지
총론 (3문)	01	부동산학 개요	2
	02	부동산의 분류	4
	03	토지의 특성	6
각 론	부동산 경제론 (6문)	04	수요·공급요인	8
		05	균형점 이동	10
		06	탄력성 이론	12
		07	탄력성 계산	14
		08	효율적 시장	16
		09	경기 + 거미집	18
	부동산 시장론 (3문)	10	입지론	20
		11	리카르도 + 막스	22
		12	버제스 + 호이트	24
	부동산 정책론 (5문)	13	직접·간접개입	26
		14	시장실패	28
		15	부동산정책명	32
		16	주택정책	34
		17	세금	38
	부동산 투자론	18	지렛대효과	40
		19	화폐 시간가치	42
		20	가유순전후	44

구 분		핵심내용	페이지
각 론	부동산 투자론 (7문)	21	수익과 위험	46
		22	할인법(DCF)	48
		23	비할인법	50
		24	포트폴리오	52
	부동산 금융론 (5문)	25	최대융자금액	54
		26	원리금상환방법	56
		27	MBS 1,2,3,4번	58
		28	프로젝트금융	60
		29	부동산투자회사	62
	부동산 개발 및 관리론 (5문)	30	개발위험	64
		31	지시성 ~ 타투	66
		32	신개발 + 재개발	68
		33	부동산관리	70
		34	마케팅	72
감 정 평 가 론	기초이론 (3문)	35	감정평가 용어	74
		36	물건별 주방식	76
		37	가격제원칙	78
	평가방식 (2문)	38	원가·수익환원법	80
		39	거래사례비교법	84
	가격공시	40	표준과 개별	88

📨 합격하기 위한 9, 10월 마무리 공부방법

	9월				10월			
	1주	2주	3주	4주	5주	6주	7주	8주
오전	100선 강의 듣기			전모1	전모2	전모3	박클	시험
오후	당일 배운 수업내용 복습			다음날 시험 칠 과목 전범위 예습			- 박문각 라이브 - 전날 6과목 정리	

	예상문제 01번	기출					
01	부동산학 개요	26	28		31		
02	복합개념의 부동산		27		30		34	35
03	동산과 부동산의 구분			29		33	

(1) 부동산학 개요

부동산학	이순자 아님 ⇨ 이론과학(×), 순수과학(×), 자연과학(×)					
접근방식	종합식 접근(법기경) vs 의사결정적 접근(투자 + 금융 + 개발)					
지도원리	능률성 + 안전성 + 경제성 + 공정성					
부동산업	서비스업 (감자먹는 관중분)				임대 및 공급업 (개임)	
	감정평가	투자자문	관리	중개 및 대리	분양대행	개발 및 공급업	임대업
	부동산업 × : (건투금기) : 건설업 ×, 투자업 ×, 금융업 ×, 기타관리업 ×					

(2) 복합개념의 부동산

✅ 복합부동산 = 토지 + 건물

법률적 개념	협의(민법)	토지 및 그 토지정착물			
	광의	토지 및 그 정착물 + 준부동산(등기·등록)			
		중개대상물 : 입목, 공장재단, 광업재단			
기술적 개념(유형, 물리)		공간	자연	환경	위치
경제적 개념		자산	자본	생산요소	소비재	상품

✅ **토지소유권의 범위** : 토지소유자는 법률의 범위 내에서 토지를 사용, 수익, 처분할 권리가 있고, 토지의 소유권은 정당한 이익이 있는 범위 내에서 토지의 상하에 미친다.

(3) 동산과 부동산정착물의 구분

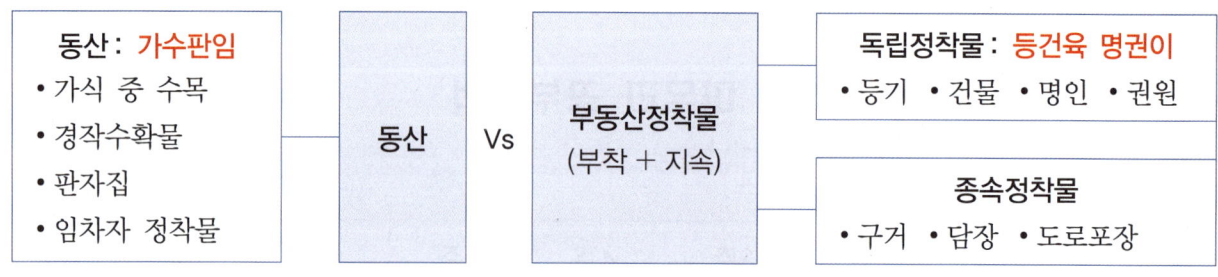

01 부동산학에 관한 설명으로 옳은 것은?

① 민법 규정에 의하면 토지소유자는 법률의 범위 내에서 토지를 사용, 수익, 처분할 권리가 있고, 토지의 소유권은 토지소유자가 원하는 범위 내에서 토지의 상하에 미친다.
② 부동산학은 순수이론과학이다.
③ 부동산건설업과 부동산금융업은 한국표준산업분류상 부동산업에 해당되지 않지만, 부동산분양대행업은 부동산업에 해당된다.
④ 귀속권, 과세권, 수용권, 경찰권 등은 부동산소유권의 사적제한에 해당된다. 감평 36회
⑤ 부동산투자, 부동산금융, 부동산개발 등의 부동산 결정분야에서 강조되는 접근방법은 종합식 접근방법이다.

02 부동산의 복합개념에 관한 설명으로 옳은 것은? 35회 적중(상)

① 입목이란 토지에 부착된 수목의 집단으로서 그 소유자가 '입목에 관한 법률'에 따라 소유권보존등기를 받은 것을 말하며, 토지소유권 또는 지상권 처분의 효력이 미친다. 감평 36회
② 건물에 부착된 물건은 누가 어떤 목적으로 설치했는가와 상관없이 모두 부동산으로 본다.
③ 경제적 개념의 부동산은 부동산을 무형적 측면에서 접근하는 것이며, 부동산을 자산, 자본, 생산요소, 소비재, 상품 등으로 인식하는 것이다.
④ 민법상 부동산과 준부동산은 모두 부동산중개의 대상이 된다.
⑤ 토지와 건물이 각각 독립된 거래의 객체이면서도 마치 하나의 결합된 상태로 다루어져 부동산활동의 대상으로 인식될 때 이를 복합개념의 부동산이라고 한다.

03 토지의 정착물 중에서 독립정착물에 해당되지 않는 것은?

① 임차자 정착물 중 가사정착물
② 입목법에 근거해 등기한 수목의 집단
③ 권원을 갖춘 타인토지 농작물
④ 명인방법을 갖춘 수목의 집단
⑤ 단독주택

예상문제 02번: 토지용어, 주택분류	기출								
01 토지의 용어 및 분류	26		28	29	30	31	32	33	34	35
02 주택의 분류(주택법)		27	28				32	33		35
03 지목의 분류(참고)										35

(1) 토지의 용어 및 분류

내 용	오 답	정 답
• 용도지역 상호간(택지, 농지, 임지), 전환중	이행지	후보지 (상후 내리 당선)
• 택지 + 도로용지 + 하천부지 + 철도용지	택지	부지 (철부지)
• 지적법상 토지의 등록단위(법적 개념)	획지	필지
• 사법상 제한과 건물 없는 토지	건부지	나지 (나지 사건)
• 법적소유권 ○, 활용실익 ×	빈지	법지
• 투기목적으로 놀리고 있는 토지	휴한지	유휴지 (유휴~~~~)
• 공도에 접하는 면이 없는 토지, 건축불가	대지	맹지
• 공법상 제한 때문에 비워놓은 토지	소지	공지
• 공부에 등록된 토지가 침식되어 수면 밑으로 잠긴 토지	간석지	포락지 (뽀오오~락지)
• 지가변동률 판단의 기준토지	표준지	표본지 (지가본동률)

(2) 주택법상 주택의 분류

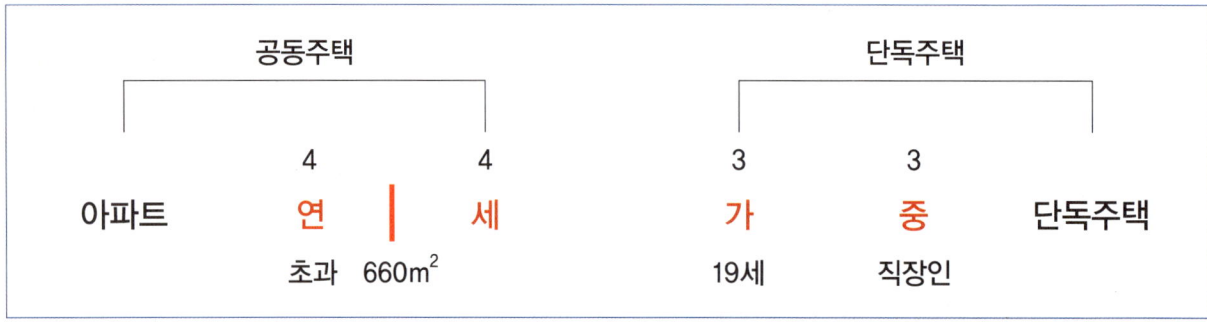

◎ 건축법상 주택 = 주택법상 주택 + 기숙사(공동주택) + 공관(단독주택)

준주택 (노오기다)	① 주택 외 + 주거시설로 이용가능한 시설 등 ② 노인복지주택, 오피스텔, 기숙사, 다중생활시설(고시원)
도시형 생활주택 (쬐끄만 공동주택) (내도생 삼백이)	① 아파트형, 단지형 연립, 단지형 다세대 ↳ 300세대 미만 + 국민주택규모 ② 도시형 생활주택에는 분양가상한제 적용하지 않는다.
국민주택	• '국가건설 or 국가재정' and '국민주택규모'
임대주택	• 공공임대주택과 민간임대주택으로 구분한다.
세대구분형 공동주택	• 구분된 공간의 일부를 구분소유할 수 없음

04 토지에 대한 용어설명 중 가장 옳은 것은? 35회 적중(50%)

① 법지는 활용실익이 떨어지는 경사토지를 말하며 법지에는 토지소유권이 인정되지 않는다.
② 토지에 건물이나 그 밖의 정착물이 없고 사법상의 권리가 설정되어 있지 아니한 토지를 나지라고 하며, 표준지공시지가의 평가는 나지상정평가를 한다. 35회
③ 해안선으로부터 지적공부에 등록된 지역까지의 사이의 토지를 포락지라고 한다.
④ 과수원지역과 주거지지역 상호간에 용도가 바뀌는 과정에 있는 지역의 토지를 이행지라고 한다.
⑤ 지적공부에 등록된 토지가 물에 침식되어 수면 밑으로 잠긴 토지를 빈지라고 한다.

05 다음 토지의 용어설명 중 옳은 것은?

① 자연의 유수(流水)가 있거나 있을 것으로 예상되는 소규모 수로부지를 하천이라고 한다.
② 부지란 일정한 용도로 제공되고 있는 바닥토지를 말하며, 하천, 도로 등의 바닥토지에 사용되는 포괄적 용어이다.
③ 필지 중 건물부분의 토지를 제외하고 남은 부분의 토지를 공한지라고 한다.
④ 유휴지는 지력회복을 위해 정상적으로 쉬게 하는 토지를 말한다.
⑤ 용도상 불가분의 관계에 있는 2필지 이상의 일단의 토지를 한계지라고 한다.

06 주택법상 주택의 유형에 관한 설명으로 옳은 것은? 35회 적중(상)

① 국가·지방자치단체의 재정 또는 주택도시기금으로부터 자금을 지원받아 건설하는 모든 주택은 국민주택에 해당된다.
② 세대구분형 공동주택은 주택 내부 공간의 일부를 세대별로 구분하여 생활이 가능한 구조이어야 하며, 그 구분된 공간의 일부를 구분소유 할 수 있다.
③ 다세대주택은 주택으로 쓰는 1개 동의 바닥면적의 합계가 660m² 이하이고, 층수가 4층 이하인 주택을 말한다.
④ 다가구주택은 주택으로 쓰는 1개 동의 바닥면적 합계가 660m² 이하인 공동주택이고, 주택으로 쓰는 층수가 3개 층 이하이어야 한다.
⑤ 도시형 생활주택은 300세대 미만의 국민주택규모에 해당하는 주택이며, 아파트형 주택, 단지형 연립주택, 단지형 다세대주택으로 구분한다.

예상문제 03번	기출									
01 토지의 특성과 파생현상	26	27	28	29	30	31	32	33	34	35

토지의 자연적 특성: 경직적 ⇨ 부동산시장을 불완전하게 만든다.

부동성	부증성	영속성	개별성
비이동성	비생산성	비소모성	비대체성

토지의 인문적 특성: 가변적

용도의 다양성	병합·분할의 가능성	인문적 위치의 가변성

📂 토지의 특성에 따른 파생현상 종합정리

특 성	파생현상			
부동성	환경에 영향 ⇨ 외부효과	**지역**분석 필요 ⇨ 임장활동	동산과 부동산 구분 ⇨ 등기이전	**지방**자치단체 ⇨ 지방세
부증성	물리적 공급 × 독점 + 완전비탄력	수요자경쟁 ⇨ 지대·지가 ↑	**집약적이용** 최유효이용	토지공개념 생산비 모름
영속성	감가(소모) 없음 ⇨ 재생산 불가	장기적 배려 ⇨ 관리 중요	가치보존 ⇨ 자본이득 임대차 ⇨ 소득이득	**수익환원법** ⇨ 직접환원법
개별성	일물일가 안 됨 정보비공개	⇨ **정보수집 난이** ⇨ 거래비용 증가	⇨ 감정평가 필요	⇨ 개별분석
용도의 다양성	최유효이용	가치다원설	이행과 전환 이행지, 후보지	**용도적 공급** ○

07 토지의 특성과 그 파생현상의 연결이 옳은 것은 모두 몇 개인가? 35회 적중(100%)

㉠ 용도의 다양성으로 인해 용도적 공급량을 늘릴 수 있다.
㉡ 부증성으로 인해 토지의 물리적 공급곡선은 완전탄력적이다.
㉢ 영속성으로 인해 토지시장에서 물건 간 완전한 대체관계가 제약된다.
㉣ 개별성과 부증성은 토지시장을 불완전경쟁시장으로 만드는 요인이다.
㉤ 부동성으로 인해 감정평가시 지역분석이 필요하다.

① 1개 ② 2개 ③ 3개 ④ 4개 ⑤ 5개

08 토지의 특성과 그 특성으로부터 파생되는 부동산현상 또는 부동산활동을 연결한 것이다. 옳은 것으로만 연결된 것은?

	토지의 특성	파생현상		
①	부동성 :	외부효과 발생	임장활동	감가상각 불필요
②	영속성 :	국지적 시장	직접환원법	자본이득과 소득이득
③	개별성 :	일물일가 불성립	거래비용 증가	불완전경쟁시장
④	부증성 :	집약적 이용 촉진	용도적 공급 가능	시장 간 수급불균형
⑤	용도의 다양성 :	지역분석	합병과 분할 지원	가치의 다원적 개념

예상문제 04번			기출						
01	수요와 공급 및 시장균형				30				34	
02	수요의 변화와 수요량의 변화		28		30					
03	수요요인	26			29	30	31	32	33	34	35
04	공급요인									

(1) **수요와 공급 개요**

   구매하려고 의도하는 (○), 실제로 구매한 (×), 최대수량 (○)

(2) **수요의 법칙과 공급의 법칙(가수반, 가공비)**

   ① 수요의 법칙 (가수반): 가격 ↑ ──→ 수요량 ↓
   ② 공급의 법칙 (가공비): 가격 ↑ ──→ 공급량 ↑

(3) **수요의 변화와 수요량의 변화**

구 분	수요의 변화		수요량의 변화 – 양·선상·가격 –
원 인	가격 외의 요인 변화 (소득, 예상, 대체재 등)		(당해 재화) 가격이 변하면 ~~
그래프	수요곡선의 이동		수요곡선상의 점의 이동

(4) **수요요인**

   ① 대체재의 가격상승은 수요증가요인이다.

수요량↓ 가격 ↑	수요↑ 가격↑
대체재(원인)	**해당재화(결과)**

   ② 수요자의 가격상승예상 ⇨ 수요증가
   ③ LTV, DTI 상승 ⇨ 돈 많이 빌려줌 ⇨ 수요증가
   ④ 소득이 증가하는 경우 열등재의 수요는 감소한다.

(5) **공급요인**

   ① 요소비용(근로자 임금상승, 자재비 인상 등)이 상승한다. ⇨ 공급감소
   ② 공법상 규제의 강화 ⇨ 공급감소

09 주택시장에서의 수요의 변화와 수요량의 변화에 대한 설명으로 옳은 것은?

	수요의 변화	수요량의 변화
①	주택가격 하락	수요자의 실질소득 증가
②	주택가격 상승	주택가격 상승예상
③	생산요소비용 증가	주택가격 상승
④	주택담보 대출금리 인상	주택가격 하락
⑤	대출금리의 하락	주택가격 하락예상

10 아파트시장의 수요곡선을 우측으로 이동시키는 요인은 모두 몇 개인가?

㉠ 보완재 가격의 하락	㉡ 부동산가격 상승 예상
㉢ 저당대출 금리의 상승	㉣ 아파트 가격의 하락
㉤ 대체주택 가격의 하락	㉥ 총부채원리금상환비율(DSR) 상승

① 1개　　② 2개　　③ 3개　　④ 4개　　⑤ 5개

11 아파트시장에서 균형가격을 상승시키는 요인은 모두 몇 개인가? (단, 아파트는 정상재이며, 다른 조건은 동일함) 35회 적중(100%)

㉠ 건설노동자 임금 상승	㉡ 수요 측면에서 보완재 가격의 상승
㉢ 아파트건설용 토지가격의 상승	㉣ 대체주택에 대한 수요 증가

① 1개　　② 2개　　③ 3개　　④ 4개　　⑤ 5개

예상문제 05번		기출							
01	균형점의 이동(그래프)		27		29	30		32	33		35
02	균형점의 이동(계산문제)	26		28		30	31	32	33	34	35

(1) **균형점의 이동**(그래프로 이해)

수요 10 증가 공급 5 증가	수요 10 증가 공급 10 증가	수요 증가 공급 증가	공급 완전비탄력 수요 증가
가격: 상승 수량: 증가	가격: 불변 수량: 증가	가격: 모름 수량: 증가	가격: 상승 수량: 불변

(2) **균형점 계산문제**

① 꽁수꽁수로 옮겨 적기

함수식 공식 (꽁수꽁수)	공(S): Q = ⇨ 수(D): Q = ⇨

② 분수식은 소수로 바꿔서 계산하기

$Q_d = 40 - \dfrac{3}{5}P \longrightarrow Q_d = 40 - 0.6P$

③ 함수변화의 의미 이해하기(P에 0을 대입해보기)

공급함수: $Q_s = 20 + \dfrac{2}{5}P \longrightarrow Q_s = 10 + \dfrac{2}{5}P$

: Q가 20에서 10으로 변경 → 공급감소를 의미한다.

12 시장균형점의 이동에 관한 설명으로 옳은 것은? 35회 적중(100%)

① 수요가 증가하고 공급이 감소하면 균형가격은 알 수 없다.
② 수요증가와 공급증가가 동일하면 균형가격은 알 수가 없다.
③ 공급이 완전비탄력적인 경우 수요가 증가하면 균형가격은 변하지 않는다.
④ 수요와 공급이 동시에 증가하는 경우, 공급의 증가폭이 수요의 증가폭보다 크면, 균형가격은 하락하고 균형거래량은 증가한다.
⑤ 공급이 가격에 대해 완전비탄력적인 경우 수요가 증가하면 거래량은 증가한다.

13 주택시장에서의 수요함수는 $Q_D = 800 - 5P$이고 공급함수는 $Q_S = 500 + 10P$인 경우 균형가격과 정부가 임대료를 10으로 규제하는 경우 '시장상황'을 각각 구하면?

① 균형가격 10   초과수요 300
② 균형가격 10   초과수요 150
③ 균형가격 20   초과수요 150
④ 균형가격 20   아무효과 없음
⑤ 균형가격 15   초과공급 150

14 A지역의 기존 아파트 시장의 수요함수는 $Q_D = 40 - \frac{3}{5}P$, 공급함수는 $Q_S = 20 + \frac{2}{5}P$이었다. 이후 수요함수는 변하지 않고 공급함수가 $Q_S = 10 + \frac{2}{5}P$로 변하였다. 다음 설명으로 옳은 것은?

35회 적중(100%), 감평 36회

① 공급곡선이 우측으로 이동하였다.
② 균형가격은 상승하였다.
③ 균형거래량은 증가하였다.
④ 변경 전 균형가격은 30이다.
⑤ 변경 후 균형거래량은 28이다.

예상문제 06번			기출				
01	탄력성의 개념					32	34
02	탄력성 결정요인(대장주세용)	27	28	30		33	
03	탄력성의 적용				31		

(1) **의의**: 탄력도 양 = "Q"의 변화를 나타내는 지표

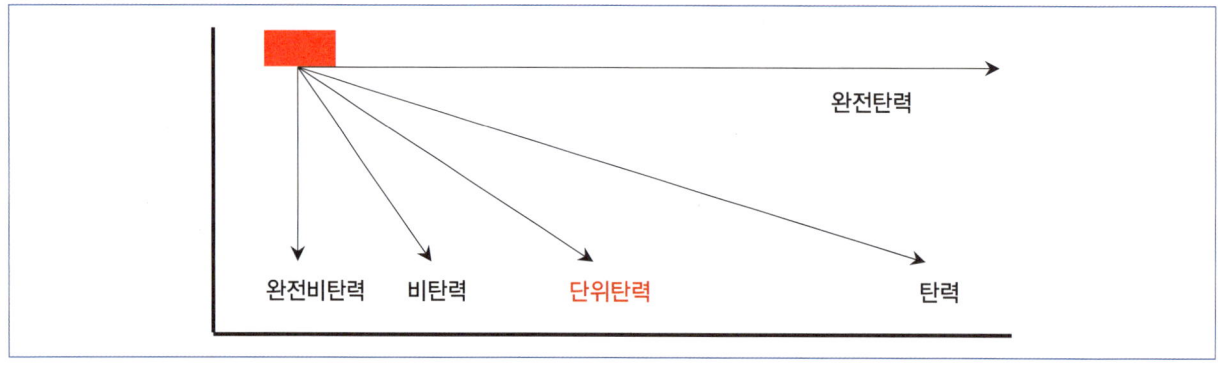

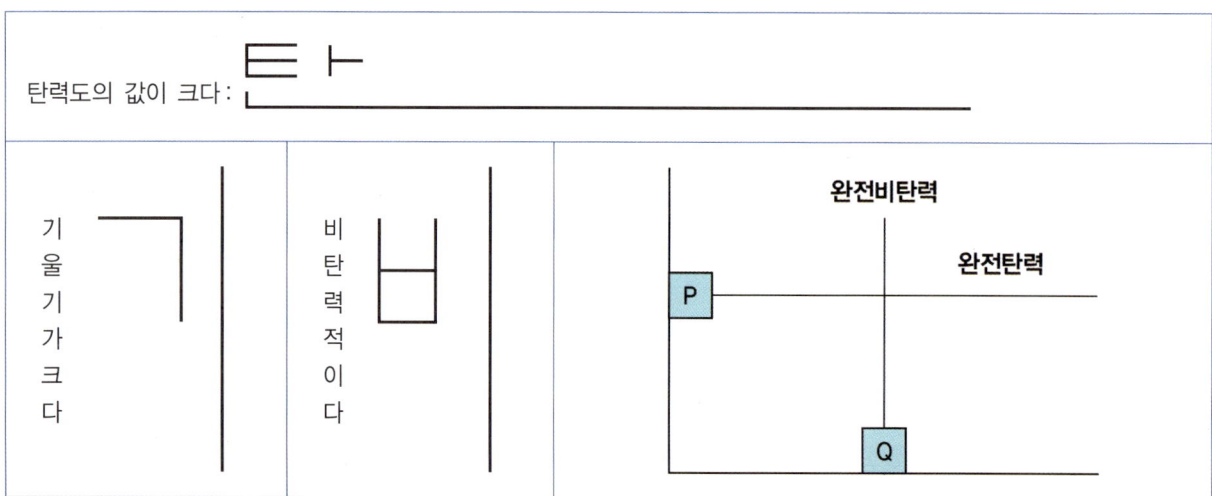

(2) **탄력적 결정요인**: 탄력적인 **대장주세용** ⇨ 선택의 폭이 많아질수록 탄력적이다.

'대체재가 많을수록, 장기가 단기보다, 주거용이 상업용보다, 세분할수록, 용도가 다양할수록' 더 탄력적이다.

(3) **탄력도의 적용**

① **세금부담**: 비탄력적인 측이 세금을 더 많이 부담한다.
② **가격전략**: 수요자가 탄력적이면 저가전략이 유리하다. **(탄 건 내려야 수입증가)**
③ **가격변화**: 공급증가시 수요가 비탄력적일수록 가격 변화폭이 커진다.

15 부동산 수요와 부동산 공급의 탄력성에 관한 설명으로 옳은 것은?

① 가격탄력도의 값이 0이라는 의미는 가격의 변동률이 전혀 없다는 의미이다.
② 주택의 대체재가 증가하면 주택수요의 가격탄력성은 커진다.
③ 주택의 공급기간 또는 생산시간이 길수록 공급의 가격탄력성은 커진다.
④ 부동산 수요의 가격탄력성은 용도에 따라 달라지며, 주거용 부동산이 공업용 부동산보다 더 비탄력적이다.
⑤ 토지이용규제가 엄격해지면 토지의 공급곡선의 기울기의 값은 작아진다.

16 부동산 수요와 부동산 공급의 탄력성에 관한 설명으로 옳은 것은?

① 공급의 가격탄력성이 수요의 가격탄력성보다 큰 경우 수요자보다 공급자의 세금부담이 더 크다.
② 세금부과시 시장에서의 경제적 순손실 또는 시장왜곡은 공급이 비탄력적일수록 커진다.
③ 임대주택 수요의 가격탄력성이 1보다 큰 경우 임대료가 하락하면 임대업자의 총수입은 증가한다.
④ 임대주택 수요의 가격탄력성이 1인 경우 임대주택의 임대료가 하락하면 임대업자의 총수입은 증가한다.
⑤ 부동산 수요가 증가하면, 부동산 공급곡선이 탄력적일수록 시장균형가격의 변화폭이 커진다.

예상문제 07번		기출								
01	탄력도 기본공식	26	27	28	29	30		32	33	35
02	탄력도 계산문제									

1. 탄력성 기본공식

- 탄력성 공식의 기본틀: □□ 탄력성 $= \dfrac{수량\ 변동률}{□□}$

(1) **가격탄력성**(가수 $= \dfrac{수요량의\ 변화율}{가격변화율}$)

① 가격변화율에 대한 수요량의 변화율이다.
② 가격탄력도의 값은 절댓값을 취하므로 항상 플러스(+)의 값이다.

(2) **소득탄력성**(소수 $= \dfrac{수요량의\ 변화율}{소득변화율}$)

① 소득변화율에 대한 수요량의 변화율이다.
② 열등재의 소득탄력성의 값은 (−)이다.

(3) **교차(에 대한)탄력성**(교수 $= \dfrac{해당\ 재화의\ 수요량의\ 변화율}{다른\ 재화의\ 가격변화율}$)

① 다른 재화의 가격변화율에 대한 해당 재화의 수요량의 변화율이다.
② 보완재의 교차탄력성의 값은 (−)이다.

2. 탄력성 계산문제 기본패턴(형태만 익힘)

(1) 두 재화의 관계는?

	수요량 5% ↓	수요 8% ↑
	가격 10% ↑	
	아파트	오피스텔

(2) 전체 변화율은?

$$\overbrace{\dfrac{수\ -2.5}{가\ +5} = 0.5 \quad \dfrac{수\ +1.5}{교\ +5} = 0.3 \quad \dfrac{수\ +2.0}{소\ +5} = 0.4}^{+1}$$

17 수요의 가격탄력성과 공급의 가격탄력성이 각각 2.0인 경우, 가격이 10% 상승한다면 수요량의 변화율과 공급량의 변화율은 각각 얼마인가?

	수요량의 변화율	공급량의 변화율
①	10% 상승	10% 상승
②	10% 하락	10% 하락
③	20% 상승	20% 상승
④	20% 하락	20% 하락
⑤	20% 하락	20% 상승

18 아파트 매매가격이 16% 상승함에 따라 아파트부지의 매매수요량이 8% 감소하고 아파트 매매수요량이 4% 감소한 경우에, 아파트 매매수요의 가격탄력성, 아파트부지 매매수요의 교차탄력성, 아파트와 아파트부지의 관계는?

	가격탄력성	교차탄력성	관계
①	0.25	− 0.5	보완재
②	0.25	0.25	대체재
③	0.25	0.5	대체재
④	0.5	0.25	대체재
⑤	0.5	0.5	보완재

19 아파트 매매시장에서 아파트의 가격탄력성 1.2, 소득탄력성 2.0, 단독주택가격에 대한 교차탄력성이 1.0이다. 아파트의 가격이 10% 상승하고, 단독주택가격이 5% 상승한 경우 아파트의 전체수요량은 변화가 없다면 소득의 변화율은 얼마인가? 35회 적중(100%)

① 2.0% 증가   ② 2.5% 증가
③ 3.5% 증가   ④ 3.5% 감소
⑤ 2.5% 감소

예상문제 08번		기출							
01	부동산시장						31		
02	효율적 시장이론	26	27	28	29		31	32	33
03	할당 효율적 시장								
04	정당한 정보비용(계산문제)				29				33	35

(1) **부동산시장**

완전경쟁시장	부동산시장(불완전경쟁시장)
정보의 완전성	정보의 비대칭 = 가격왜곡

(2) **효율적 시장이론**: 시장보다 더 많은 정보를 가진 투자자는 초과이윤을 획득한다.

투자자	
기술적 분석	A
기본적 분석	A+B
내부자 정보	A+B+C

초과이윤 발생: 투기 발생

시 장	
A	약성
A+B	준강성
A+B+C	강성

① 기술적 분석(A)을 행한 투자자는 약준강 어디에서도 초과이윤을 얻지 못한다.
② 기본적 분석(A + B)을 행한 투자자는 약성에 투자하면 초과이윤을 얻을 수 있다.
③ 미공개 정보(A + B + C)를 가진 투자자는 약성과 준강성에서 초과이윤을 얻는다.
④ 강성에는 어떤 투자자도 정보를 가지고는 초과이윤을 얻지 못한다.

(3) **할당적 효율성**(배분의 효율성)

❶ 완전경쟁시장	❷ 불완전경쟁시장	❸ 불완전경쟁시장
초과이윤 없음	정보비용 = 초과이윤	정보비용 < 초과이윤

└──── 할당 효율적 시장 ────┘

① 부동산시장(불완전시장)도 할당 효율적 시장이 될 수 있다.
② 부동산시장에서 초과이윤을 획득할 수 있는 것은 부동산시장이
   불완전하기 때문이다. (×), 할당 효율적이지 못하기 때문이다. (○)

(4) **정당한 정보비용 계산문제**: 차안땡

$$정당한\ 정보비용 = \frac{개발될\ 때와\ 안\ 될\ 때의\ 차액\ \times\ 개발\ 안\ 될\ 가능성}{(1 + 요구수익률)^n}$$

20 효율적 시장이론에 관한 설명으로 옳은 것은?

① 약성 효율적 시장에서는 기본적 분석으로 초과이윤을 얻을 수 없다.
② 부동산시장이 약성 효율적 시장이라면 새로운 정보는 공개되는 즉시 시장에 반영된다.
③ 강성 효율적 시장은 완전경쟁시장을 의미한다.
④ 부동산시장에서 특정 투자자는 우수한 정보를 통해 초과이윤을 획득할 수 있는데, 그 이유는 부동산시장이 불완전하기 때문이다.
⑤ 특정 투자자가 얻는 초과이윤이 이를 발생시키는 데 소요되는 정보비용과 같다면 그 시장은 불완전시장이라도 배분 효율적 시장이 될 수 있다.

21 A토지에 접하여 도시·군계획시설(도로)이 개설될 확률은 60%로 알려져 있고, 1년 후에 해당 도로가 개설되면 A토지의 가치는 2억 7,500만원, 그렇지 않으면 9,350만원으로 예상된다. 만약 부동산시장이 할당 효율적이라면 합리적인 투자자가 최대한 지불할 수 있는 정보비용의 현재가치는? (단, 요구수익률은 연 10%이고, 주어진 조건에 한함) 35회 적중(100%)

① 5,200만원 ② 5,600만원 ③ 6,200만원
④ 6,600만원 ⑤ 7,200만원

예상문제 09번		기출					
01	부동산 경기변동	26	27	29	31	33	
02	거미집이론		27	29	31	32	34

(1) 부동산 경기변동

① 부동산경기

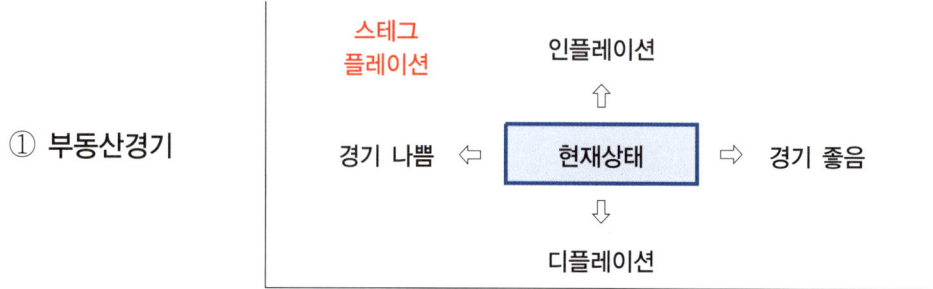

② 유형: '순계추무'가 종합적으로 나타난다.

순환변동(V)	'후퇴 ⇨ 하향 ⇨ 회복 ⇨ 상향' 반복
계절변동	매년 12월에…, 겨울철에…, 방학이면…
추세변동	신개발 또는 재개발, 장기적 변동…
무작위변동	정부정책(세금, DTI 규제), 자연재해, 전쟁

③ 금리: 금리가 상승하면 경기(생산과 소비)는 위축된다.
④ 하향시장(⊤): 매수자가 중시되고(매수자 수가 적다), 사례는 상한치로 본다.
⑤ 특 징
- 진폭이 크고 주기가 길다. (호황과 불황의 차이가 크다.)
- 일정한 주기와 동일한 진폭으로 규칙적·안정적으로 반복된다. (×)
- 부동산시장의 경기변동은 개별적·국지적으로 형성된다.
- 주거용 부동산시장과 상업용 부동산시장의 경기는 역행한다.
- 부동산시장에는 안정시장이 존재한다. (안정시장의 국면이 있다.)

(2) 거미집이론(탄수기공)

① 의의: 가격폭등과 가격폭락 등의 변동과정을 비교 동학적으로 설명한다.
② 전제: 가격변동 ⇨ 수요량은 즉각 변동 + 공급량은 일정기간 후에 변동
③ 안정: (탄수기공: **탄**력도는 **수**요값, **기**울기는 **공**급값이 더 클 때 수렴)

시장상황	모 형
탄수: 수요의 가격탄력성 1.1, 공급의 가격탄력성 0.9	수렴형
기공: 수요곡선 기울기 −0.3이고, 공급곡선 기울기 0.1	발산형
함공: 수요함수 2P = 500 − Qd, 공급함수 7P = 300 + 2Qs	발산형

22 부동산 경기변동에 관한 설명으로 옳은 것은?

① 회복시장에서 직전국면 저점의 거래사례가격은 현재 시점에서 새로운 거래가격의 상한이 되는 경향이 있다.
② 부동산경기는 일반경기와 같이 일정한 주기와 동일한 진폭으로 규칙적이고 안정적으로 반복되며 순환된다.
③ 부동산 경기변동은 일반경기변동에 비해 저점이 얕고 정점이 높은 경향이 있다.
④ 상향시장면은 매수자의 숫자보다 매도자의 숫자가 더 적은 시장이며, 따라서 상향시장은 매도자 중시시장이 된다.
⑤ 총부채상환비율(DTI) 규제 강화 후 주택거래 건수 감소는 경기변동요인 중 추세변동요인에 속한다.

23 거미집모형에 관한 설명으로 옳은 것은? (단, 다른 조건은 동일함)

① 수요와 공급의 동시적 관계로 가정하여 균형의 변화를 정태적으로 분석한 모형이다.
② 부동산시장에서 부동산가격이 폭등한 상태가 그대로 유지되는 현상을 설명한다.
③ 수요의 가격탄력성이 공급의 가격탄력성보다 크면 발산형이다.
④ 가격이 변동하면 수요와 공급은 모두 즉각적으로 반응한다는 가정을 전제하고 있다.
⑤ 공급자는 현재의 가격에만 반응하고 미래상황을 예측하지 않는다는 것을 전제한다.

24 거미집이론에 따른 모형의 형태는? 감평 36회

A시장	수요함수: $3Q = 30 - 5P$
	공급함수: $5Q = 15 + 3P$
B시장	가격이 10% 상승하면 수요량이 5% 감소
	가격이 10% 상승하면 공급량은 8% 증가

	A시장	B시장
①	수렴	수렴
②	발산	발산
③	수렴	발산
④	발산	수렴
⑤	순환	발산

예상문제 10번		기출								
01	농업입지론							허프	베버	크리
02	공업입지론				종합	허프	베버	크리	크리	베버
03	상업입지론									허프
04	계산문제	레일	레일	허프			컨버	레일	허프	컨버

(1) **농업입지론**: 튀넨의 단순지대이론(1826년)

　리카르도: 비옥도지대(농촌)
　튀넨: 위치지대, 입찰지대(농촌) ──────▶ 알론소의 입찰지대곡선(도시)

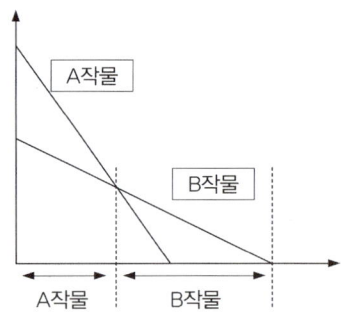
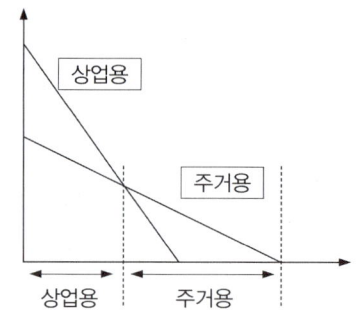

(2) **공업입지론**

① **베**버의 최소**비**용이론
  - 운송비(가장 중요), 노동비, 집적이익
  - 등비용선: 등고선과 같은 개념
  - 원료지수 > 1 ⇨ 원료지향형 입지

② **뢰**슈의 최대**수**요이론
  시장확대가능성 + 시장중심지 + 수요원추체

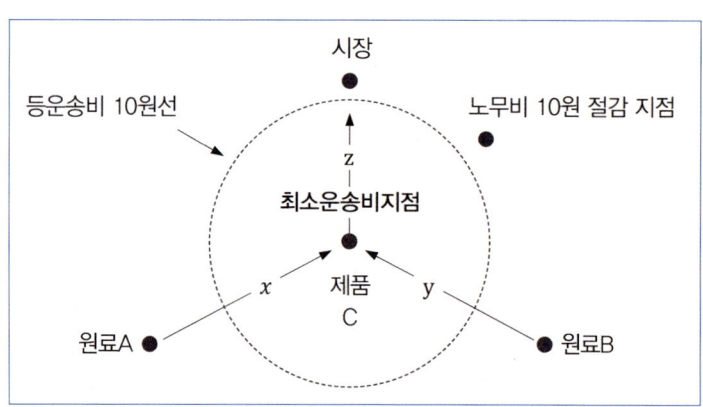

(3) **상업입지론**: 그래 큰 히프

① **크**리스탈러의 중심지: 최소요구치가 재화의 도달범위 내에 있어야 중심지 성립
② **레**일리의 소매인력: 유인력은 거리의 제곱에 반비례
③ **컨**버스의 분기점(경계지점): 분기점은 작은 도시에 가깝게 형성된다.
④ **허프**의 확률모형
　　A상점의 시장점유율 = A상점의 유인력 ÷ 전체상점의 유인력의 합계
　　다수의 중심지와 배후지에 적용가능 + 시간거리 개념 도입 + 공간마찰계수
　　확률결정: 거리 + 경쟁상점의 숫자 + 상점의 크기
　　마찰계수(빡침계수): 전문품, 교통이 발달할수록 안빡침(작아짐)

◆ 넬슨의 점포입지의 8가지 원칙: **최대 이익**

25 입지이론에 관한 설명으로 옳은 것은?

① 베버는 수요원추체의 개념을 이용하고, 뢰쉬는 등비용선의 개념을 이용한다.
② 베버 : 원료지수가 1보다 큰 산업은 시장지향적 입지가 유리하다.
③ 크리스탈러 : 최소요구치가 재화의 도달범위 내에 있어야 중심지가 성립한다.
④ 레일리 : 상점의 유인력은 상점과의 거리의 제곱에 비례한다.
⑤ 컨버스 : 상권의 경계지점 또는 분기점은 큰 도시에 가깝게 형성된다.

26 입지이론에 관한 설명으로 틀린 것은?

① 베버는 최소운송비 지점, 최소노동비 지점, 집적이익이 발생하는 구역을 종합적으로 고려해서 최소비용지점을 결정한다.
② 베버의 등비용선(isodapane)은 최소운송비 지점으로부터 기업이 입지를 바꿀 경우, 노무비의 증가분이 동일한 지점을 연결한 곡선을 의미한다.
③ 허프는 소비자가 특정 점포를 이용할 확률은 소비자와 점포와의 거리, 경쟁점포의 수와 면적에 의해서 결정된다고 보았다.
④ 허프모형에서 공간(거리)마찰계수는 시장의 교통조건과 쇼핑물건의 특성에 따라 달라지며, 편의품이 전문품보다 마찰계수의 값이 더 크다.
⑤ 넬슨은 특정 점포가 최대 이익을 얻을 수 있는 매출액을 확보하기 위해서는 어떤 장소에 입지하여야 하는지를 제시하였다.

27 레일리(W. Reilly)의 소매중력모형에 따라 C신도시의 소비자가 A도시와 B도시에서 소비하는 월 추정소비액은 각각 얼마인가? (단, C신도시의 인구는 모두 소비자이고, A, B도시에서만 소비하는 것으로 가정함)

- A도시 인구 : 50,000명, B도시 인구 : 32,000명
- C신도시 : A도시와 B도시 사이에 위치
- A도시와 C신도시 간의 거리 : 5km
- B도시와 C신도시 간의 거리 : 2km
- C신도시 소비자의 잠재 월 추정소비액 : 10억원

① A도시 : 1억원   B도시 : 9억원
② A도시 : 1억 5천만원 B도시 : 8억 5천만원
③ A도시 : 2억원   B도시 : 8억원
④ A도시 : 2억 5천만원 B도시 : 7억 5천만원
⑤ A도시 : 3억원   B도시 : 7억원

	예상문제 11번	기출								
01	지대와 지가	26	27	28	29		31		33	34	35
02	학자별 지대이론										

(1) **지대와 지가의 관계**

지가 $100 = \dfrac{지대\ 10}{이자율\ 0.1}$: 지대(10)를 모두 합친 것이 지가(100)가 된다.

(2) **학자별 지대이론**

① 리카르도 : 고전잉어 비옥하게 확 쳐먹고 차액은 니카드로

A토지(우등지)	B토지(열등지)	C토지(한계지)
생산비 80원	생산비 90원	생산비 100원 ⟶ 생산물의 시장가격 100원
차액 20원	차액 10원	100원(시장가격) − 100원(생산비) = 0 (차액) ⟶ 지대 없음

② 튀넨 : 위치가 튀네? 수송비 좀 더 들겠는데

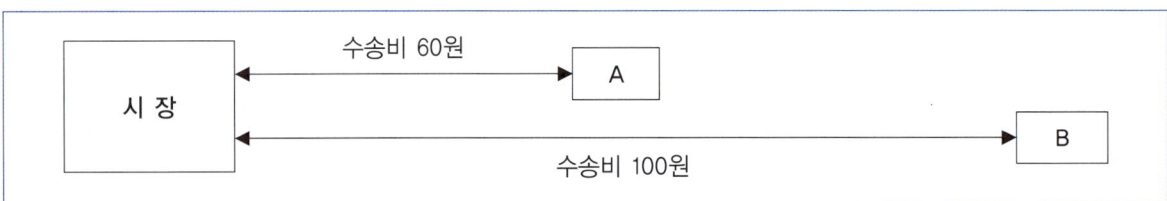

③ 마르크스 : 한계지는 절마~소유 라서 한계지도 지대를 줘야 한다.

④ 마샬 : 맛살 준 단발그녀

더 비옥함 +50원	순수지대(리카르도의 비옥도 지대와 유사)
도로에 접함 +30원	공공발생지대(공공의 노력으로 발생)
배수로 설치 +20원	**준지대(사람이 만든 것 − 장기적 소멸)**
지대 +100원	

⑤ 파레토 : 박찬호 100억원

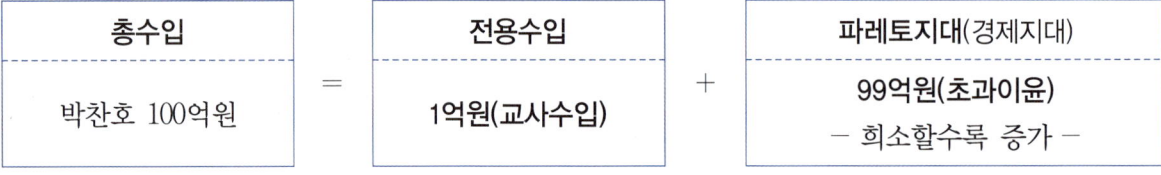

⑥ 헤이그 : 헤이그 수지랑 마찰있구나 (마찰비용 = 교통비 + 지대)

⑦ 알론소 : 앓는소에 최고가로 입찰을 하다

28 지대이론에 관한 설명으로 틀린 것은? 35회 적중(100%)

① 리카도는 각 토지마다 다른 비옥도의 차이와 생산요소 투입에 따라 한계생산성이 증가하는 수확체감현상을 적용한다. 감평 36회
② 막스에 의하면 절대지대는 토지의 생산성과 무관하게 토지가 개인에 의해 배타적으로 소유되는 것으로부터 발생하며, 최열등지에도 지대가 발생한다.
③ 튀넨에 의하면 서로 다른 지대곡선을 가진 농산물들이 입지경쟁을 벌이면서 각 지점에 따라 가장 높은 지대를 지불하는 농업적 토지이용에 토지가 할당된다.
④ 튀넨의 위치지대설에 의하면 중심지에 가까울수록(중심지와의 접근성이 좋을수록) 집약농업이 입지하고, 교외로 갈수록 조방농업이 입지한다.
⑤ 준지대는 토지 이외의 사람이 만든 기계나 기구들로부터 얻는 소득이며, 토지개량공사로 인해 추가적으로 발생하는 일시적인 소득은 준지대로 본다.

29 지대이론에 관한 설명으로 옳은 것은?

① 알론소의 입찰지대곡선은 여러 개의 지대곡선 중 가장 낮은 부분을 연결한 포락선이다.
② 헤이그의 마찰비용이론에서 마찰비용은 지대와 교통비의 합으로 산정된다.
③ 경제지대는 어떤 생산요소가 다른 용도로 전용되지 않고 현재의 용도에 그대로 사용되도록 지급하는 최소한의 지급액이다.
④ 튀넨은 자연조건이 동일한 고립국을 가정하여 상업활동의 공간적 분포를 통한 토지이용을 설명한다. 감평 36회
⑤ 리카르도는 지대를 생산비용으로 보기 때문에 지대가 상승하면 생산물의 가격도 상승한다고 주장하였다.

01	예상문제 12번	기출							
	도시성장구조이론			28	29	30	31	32	33	34	35

(1) **동심원이론**(시카고 대학의 사회학과 교수 버제스 – 1920년)
   ① 도시생태학적 관점 + 침입, 경쟁, 천이
   ② 도시는 5개의 동심원지대로 분화되면서 성장한다 : 중전저산통
   ③ 중심지와 가까워질수록 범죄, 빈곤 및 질병이 많아진다.
   ④ 튀넨의 고립국이론을 도시에 적용 + 단핵이론 + 소도시 + 오래된 도시

(2) **선형이론**(sector theory – 호이트)
   ① 고소득층 + 교통노선(교통망) + 접근성이 양호한 지역에 입지
   ② 도심에서 방사형(격자형 ×) 성장
   ③ 부채꼴모양 + 쐐기형
   ④ **동심원이론과 선형이론** : 단핵이론 ⇨ 부도심 없음

(3) **다핵심이론**(해리스, 울만)
   ① 여러 개의 전문화된 중심이 존재(도심 + 부도심)
   ② 대도시와 신도시에 많이 나타남
   ③ 다핵의 성립이유
      • 상호편익을 주는 동종은 집중
      • 이종(공장과 주택)은 분산

● **다차원이론** : 차원이 다른 침대 시몬~스
● **유상도시이론** : 머리에 리본은 베리 유상하다

동심원이론
1. 중심업무지구(CBD)
2. 점이지대
3. 저소득층 주거지대
4. 중산층지대
5. 통근자지대

선형이론
1. CBD
2. 도매·경공업지구
3. 저급주택지구
4. 중급주택지구
5. 고급주택지구

다핵심이론
1. CBD
2. 도매·경공업지구
3. 저급주택지구
4. 중급주택지구
5. 고급주택지구
6. 중공업지구
7. 교외주택지구
8. 주변업무지구
9. 교외공업지구
10. 교외지구 및 위성도시

30 도시공간구조 및 입지에 관한 설명으로 옳은 것은? 35회 적중(100%)

① 버제스의 동심원이론에 의하면 점이지대(천이지대)는 고급주택지구보다 도심으로부터 원거리에 위치한다.
② 선형이론에서의 점이지대는 중심업무지구에 직장 및 생활터전이 있어 중심업무지구에 근접하여 거주하는 지대를 말한다.
③ 버제스의 동심원이론은 침입, 경쟁, 천이과정을 수반하는 생태학적 논리에 기반하고 있다.
④ 다핵심이론에서는 다핵의 발생요인으로 유사활동 간 분산지향성, 이질활동 간 입지적 비양립성 등을 들고 있다.
⑤ 시몬스의 다차원이론에 의하면 교통기관의 현저한 발달로 종래 도시 내부에 집약되어 있던 업무시설과 주택이 간선도로를 따라 리본모양으로 확산, 입지하는 경향이 있다.

31 도시공간구조 및 입지에 관한 설명으로 옳은 것은?

① 선형이론은 도심은 하나이며 교통의 선이 도심에서 방사되는 것을 전제로 하여 도시의 성장을 설명하였다.
② 호이트(H. Hoyt)는 저소득층의 주거지가 형성되는 요인으로 도심과 부도심 사이의 도로, 고지대의 구릉지, 주요 간선도로의 근접성을 제시하였다.
③ 튀넨과 알론소는 다핵도시의 토지이용형태를 설명함에 있어 입찰지대의 개념을 적용하였다.
④ 해리스(C. Harris)와 울만(E. Ullman)의 다핵심이론에 교통축을 적용하여 개선한 이론이 호이트의 선형이론이다.
⑤ 튀넨은 지대지불능력에 따라 토지이용이 달라진다는 버제스의 이론을 도시 내부에 적용하였다.

예상문제 13번		기출								
01	부동산정책의 근거	26		28	29	30	31			34	35
02	부동산정책의 수단										

(1) **부동산정책 근거**

부동산자원의 최적사용 (효율성)	부동산자원의 최적배분 (형평성)
시장실패 치유	소득재분배
기반시설의 부족 해결	저소득층의 주거문제 해결
부동산투기 억제	

(2) **부동산정책의 수단**

직접개입	간접개입 : 세·금·공시	토지관련규제
토지은행(공공토지비축)	세금정책	소유규제
토지구획정리	금융지원	이용규제(용도지역지구제)
공영개발(토지수용)	보조금지급	거래규제
임대료규제, 분양가규제	개발부담금 부과	
공공투자	정보제공(가격공시제도)	
도시재개발		
공공주택건설		

(3) **주택가격 안정화대책**(수요감소 및 공급증가) ↔ **활성화대책**

주택가격을 안정화시키는 정책은 수요를 억제하고 공급을 확대해서 주택가격을 하락시키는 정책을 말한다.

대출금리 상향조정	LTV 하향조정	DTI 하향조정
분양가 전매금지	양도세 및 보유세 강화	주택청약 자격의 강화
실거래가 신고제 도입	종합부동산세 강화	재건축 개발이익의 환수

32 부동산시장에 대한 정부의 개입을 직접개입과 간접개입 및 토지관련규제로 구분하는 경우 간접개입방식으로만 묶인 것은? 35회 적중(100%)

① 임대료상한제, 부동산보유세, 담보대출규제
② 담보대출규제, 토지거래허가제, 부동산거래세
③ 개발부담금제, 부동산거래세, 부동산가격공시제도
④ 지역지구제, 토지거래허가제, 부동산가격공시제도
⑤ 부동산보유세, 개발부담금제, 지역지구제

참고 부동산정책 중 금융규제에 해당하는 것은? 35회
① 택지개발지구 지정
② 토지거래허가제 시행
③ 개발부담금의 부담률 인상
④ 분양가상한제의 적용 지역 확대
⑤ 총부채원리금상환비율(DSR) 강화

🔒 정답 ⑤

	예상문제 14번	기출							
01	시장실패와 지역지구제	26	27	28	29	30			
02	용도지역 · 지구 · 구역	26	27					33	

(1) 시장실패와 지역지구제

① **시장실패의 원인**

원인 ○	공공재	외부효과	독점	규모의 경제	정보 비대칭
원인 ×	완전경쟁	다수 수급인	정보대칭	동질적 재화	진퇴의 자유

② **공공재**: 비경합과 비배제 ⇨ 무임승차 ⇨ 수요표출 × ⇨ 과소생산 ⇨ 정부개입

③ **외부효과**: 시장기구를 거치지 않고 시장 밖의 제3자에게 미치는 효과

정(+)의 외부효과 = 외부경제	부(−)의 외부효과 = 외부비경제 = 외부불경제
공원조성, 도로개설, 도서관 신축	수질오염, 공해배출
사회가 유리: 사회적 편익↑	사회가 불리: 사회적 비용↑
과소생산 ⇨ 보조금 지급	과다생산(불만) ⇨ 규제(지역지구제)
핌피현상(PIMFY) 발생	님비현상(NIMBY) 발생
정(+) 발생 ⇨ 주택수요 증가	부(−) 발생 ⇨ 공장 규제 ⇨ 제품공급 감소

④ **부의 외부효과를 해결하는 방법**
  ㉠ 공적 해결책: 정부가 개입해서 해결(지역지구제, 세금)
  ㉡ 사적 해결책: 시장기구 스스로 해결(협상 − 코오즈정리)

(2) 국토법상 용도지역지구제

① **용도지역(A)**: ~~ 등을 제한함으로써 ~~ 서로 **중복되지 아니하게 관리계획으로 결정하는 지역**
  ㉠ 국토의 구분 (도관농자): 도시지역, 관리지역, 농림지역, 자연환경보전지역
  ㉡ 도시지역의 구분 (주상공녹): 주거지역, 상업지역, 공업지역, 녹지지역

② **용도지구(B)**: (A)의 제한을 강화하거나 완화하여 적용 (취제진보고 경복궁화재)

취락 (자·집)	제한	진흥 (관복특산주)	보호 (역중생)	고도	경관 (특자시)	복용	방화	방재 (자시)

③ **용도구역(C)**: (A) 및 (B)의 제한을 강화하거나 완화 + 따로 정함 (제수시도 복혁입)

개발 제한구역	수산자원 보호구역	시가화 조정구역	도시자연 공원구역	복합 용도구역	도시 혁신구역	계획시설 입체복합구역

● **관리계획(용기사단)** □의 개발·정비 및 보전을 위하여 수립하는 다음의 계획 35회
  ① 용도지역·지구·구역 ② 기반시설 ③ 사업 ④ 단위구역

33 시장실패 등에 관한 설명으로 틀린 것은?

① 소비의 비경합성과 비배제성의 성질이 나타나는 재화를 공공재라고 하며, 공공재의 경우 그 생산을 시장기구에 맡기면 과소 생산된다.
② 시장실패의 원인으로는 공공재, 외부효과, 독점, 정보의 비대칭, 규모의 경제 등이 있다.
③ 용도지역지구제는 사적 시장이 외부효과에 대한 효율적인 해결책을 제시하지 못할 때, 정부에 의해 채택되는 부동산정책의 한 수단이다.
④ 국토법상 국토는 도시지역, 관리지역, 농림지역, 자연환경보전지역의 용도지역으로 구분하며, 도시는 주거지역, 상업지역, 공업지역, 녹지지역으로 구분한다.
⑤ 국토법상 용도지역과 용도지구 및 용도구역은 상호 중첩하여 지정할 수 없다. 감평 36회

34 외부효과 등에 관한 설명으로 옳은 것은?

① 외부효과란 어떤 경제활동과 관련하여 거래당사자가 아닌 제3자에게 의도하지 않은 혜택이나 손해를 가져다주면서도 이에 대한 대가를 받지도 지불하지도 않는 상태를 말한다.
② 부(−)의 외부효과를 야기하는 제품생산을 시장에 맡기면 과소생산의 시장실패가 발생한다.
③ 부(−)의 외부효과는 핌피(PIMFY)현상을 유발한다.
④ 부(−)의 외부효과가 발생하면 사회적 비용보다 사적 비용이 커지게 된다.
⑤ 부(−)의 외부효과를 유발하는 공장에 대한 규제는 공장에서 생산되는 제품의 공급을 증가시킨다.

35 용도지역지구제 등에 관한 설명이다. 틀린 것은?

① 도시·군계획은 도시·군기본계획과 도시·군관리계획으로 구분한다.
② 도시·군기본계획은 기본적인 공간구조와 장기발전방향을 제시하는 종합계획으로서 도시·군관리계획 수립의 지침이 되는 계획을 말한다.
③ 지구단위계획이란 도시·군계획 수립 대상지역의 일부에 대하여 토지 이용을 합리화하고 그 기능을 증진시키며 미관을 개선하고 양호한 환경을 확보하며, 그 지역을 체계적·계획적으로 관리하기 위하여 수립하는 도시·군관리계획을 말한다. 35회
④ 성장관리계획이란 성장관리계획구역에서의 난개발을 방지하고 계획적인 개발을 유도하기 위하여 수립하는 계획을 말한다.
⑤ 공간재구조화계획이란 토지의 이용 및 건축물이나 그 밖의 시설의 용도·건폐율·용적률·높이 등을 강화하는 용도구역의 효율적이고 계획적인 관리를 위하여 수립하는 계획을 말한다. 감평 36회

참고 국토의 계획 및 이용에 관한 법령상 기반시설의 유형으로 옳지 않은 것은? 감평 36회

① 공공, 문화체육시설: 광장, 공원, 녹지, 유원지, 공공공지
② 유통, 공급시설: 유통업무설비, 수도, 전기, 가스, 열공급설비, 방송, 통신시설, 공동구, 시장, 유류저장 및 송유설비
③ 보건위생시설: 장사시설, 도축장, 종합의료시설
④ 방재시설: 하천, 유수지, 저수지, 방화설비, 방풍설비, 방수설비, 사방설비, 방조설비
⑤ 교통시설: 도로, 철도, 항만, 공항, 주차장, 자동차정류장, 궤도, 차량 검사 및 면허시설

🔒 정답 ①

예상문제 15번		기출								
01	부동산정책 종합정리	26	27	28	29	30	31	32³	33	34	35
02	개발이익환수 vs 개발손실보상										

(1) 부동산정책 종합정리

정책명	정책내용
지역지구제	부(-)의 외부효과 제거 또는 감소
공공토지비축	토지공사에서 별도계정으로 관리 / 목적: 공공개발 및 토지시장 안정 등
지구단위계획	□의 일부에 대한 관리계획 35회
토지거래허가구역	국장 또는 (2) - 5년 이내 - 지정할 수 있다 - 무효 (무상 제외) 감평 36회
부동산거래신고제도	개 30마리 신고 (계약체결일 - 30일 이내 - 신고하여야 한다)
토지선매제도	토지거래허가신청시 사적 거래에 우선하여 국가가 매수(수용×)
토지적성평가	토지에 대한 개발과 보전의 문제 발생시 이를 조정하는 제도
주택법(투기방지)	• 분양가상한제 • 전매제한 • 투기과열지구 • 조정대상지역
미시행	• 폐지된 T초소 ⇨ TDR, 토지초과이득세, 택지소유상한제 • 공한지세 • 종합토지세

(2) 개발이익 환수제도: 개발부담금제도(개발허용 ⇨ 개발이익 발생 ⇨ 환수)

토지공개념	공익을 위하여 적절히 제한 (○), 사유재산권 부정(×) 감평 36회
시행중	① 개발이익 환수에 관한 법률 ⇨ **개발부담금**
	② 재건축 초과이익 환수에 관한 법률 ⇨ **재건축부담금**(재개발부담금×)

(3) 개발손실 보상제도: 개발권양도제도(개발제한 ⇨ 손실발생 ⇨ 보상)

① 토지보전 필요 ⇨ 토지이용규제 ⇨ 손실보상 ⇨ 개발권(TDR) 지급 ⇨ 매매가능
② 규제지역 토지소유자의 손실을 시장을 통해서 해결하려는 제도이다.

(4) 기 타

국민주택	주택도시기금	주택청약종합저축

┌ 정부건설 또는 정부재정
│ +
└ 주거전용 85m² 이하
  도시85, 수도권85, 그 외 100
	┌ 국장이 관리
	├ 보증공사에 위탁
	└ 주택계정과 도시계정 분리
	  (국민주택) (정비사업)
		┌ 가입은 누구나 가능
		├ 민영주택도 가능
		├ 1인 1계좌
		└ 청약은 만 19세 이상

36 부동산정책에 관한 설명으로 옳은 것은?

① 개발이익이란 개발사업의 시행이나 토지이용계획의 변경, 그 밖에 사회적·경제적 요인에 따라 정상지가 상승분을 초과하여 개발사업을 시행하는 자나 토지점유자에게 귀속되는 토지 가액의 증가분을 말한다. 감평 36회
② 토지선매에 있어 시장, 군수, 구청장은 토지거래계약허가를 받아 취득한 토지를 그 이용목적대로 이용하고 있지 아니한 토지에 대해서 선매자에게 강제로 수용하게 할 수 있다.
③ 도시개발사업은 토지를 사전에 비축하여 장래 공익사업의 원활한 시행과 토지시장의 안정에 기여할 수 있다.
④ 재건축부담금은 정비사업 중 재건축사업에서 발생되는 초과이익을 환수하기 위한 제도이며, 재건축 초과이익 환수에 관한 법률에 의해 시행되고 있다.
⑤ 토지적성평가는 도시·군계획 수립 대상지역의 일부에 대하여 토지 이용을 합리화하고 그 기능을 증진시키며 미관을 개선하고 양호한 환경을 확보하며, 그 지역을 체계적·계획적으로 관리하기 위하여 수립하는 계획이다.

37 토지이용계획의 결정 등으로 종래의 용도규제가 강화됨으로 인해 발생한 손실을 보상하는 제도인 개발손실보상제에 해당되는 것은?

① 택지소유상한제도 ② 토지거래허가구역 지정 ③ 공공토지비축제도
④ 개발부담금제도 ⑤ 개발권양도제(TDR)

38 현재 우리나라에서 시행되고 있지 않는 부동산 정책수단은 모두 몇 개인가?

㉠ 택지소유상한제	㉡ 부동산거래신고제	㉢ 토지초과이득세
㉣ 주택의 전매제한	㉤ 부동산실명제	㉥ 개발권양도제
㉦ 종합토지세	㉧ 공한지세	㉨ 재개발부담금

① 2개 ② 3개 ③ 4개 ④ 5개 ⑤ 6개

39 우리나라의 부동산제도와 근거법률의 연결이 틀린 것은?

① 부동산거래신고 등에 관한 법률 – 선매제도
② 개발이익 환수에 관한 법률 – 개발부담금
③ 부동산 실권리자명의 등기에 관한 법률 – 부동산실명제
④ 국토의 계획 및 이용에 관한 법률 – 토지거래허가제
⑤ 주택법 – 분양가상한제

예상문제 16번: 주택정책		기출								
01	주택시장 개요									35
02	주거분리와 여과작용	26	27	28	29	30	31			
03	임대주택정책							33	34²	35
04	분양주택정책									

(1) **유량시장과 저량시장** (유 변신장소 거기임)

① 유량(flow = 흐르는 양) Vs 저량(stock = 존재하는 양)

②

유	변	신	장	소	거	기	임
량	화분	규	기	득	래량	간	대료

(2) **주거분리와 여과작용**

① **주거분리**: 고가주택지역과 저가주택지역의 분리
- 도시 전체뿐만 아니라 인접지역 내에서도 발생
- 할인거래와 할증거래 및 침입과 계승현상 발생

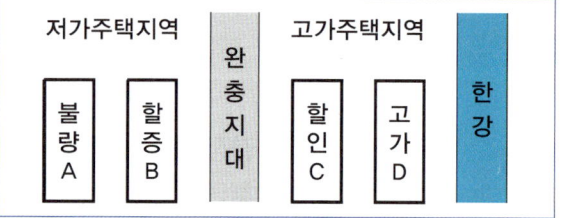

② **여과현상**(집주인 교체현상): 주택의 질적 변화와 가구의 이동을 설명
- **상향여과(재건축)**
- **하향여과**
  - 주택방치시(개량비용 > 개량편익) 고급주거지역이 저급주거지역으로 전환
  - 공가발생 및 양과 질의 향상

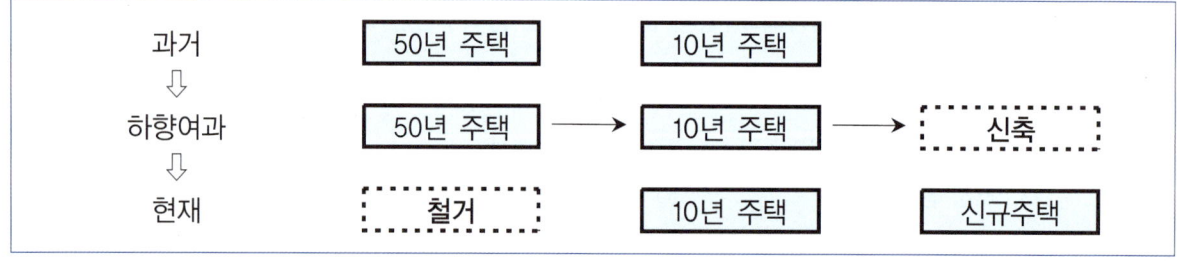

(3) **임대주택정책** (보증규감) : 임대료보조, 임대료규제, 공공임대주택건설

임대료보조	임대료규제	공공임대주택건설
① 방법(20원 지원) 　┌ 주거급여: 현금 　└ 바우처: 쿠폰	① 방법(최고가격 80원) 　┌ 높게 규제 ⇨ 효과 없음 　└ 낮게 규제 ⇨ 효과 있음	① 방법(80원으로 공급) 　┌ 낮은 가격으로 제공 　└ 토지공사 자체자금(×)
② 효 과 　┌ 공급량 증가 　└ 공급질 향상	② 효 과 　┌ 공급량 감소(초과수요) 　├ 공급질 하락 　├ 암시장 　└ 임차자고정(이동촉진 ×)	② 종류: **영국행통장** 　┌ **영**구임대: 50년 　├ **국**민임대: 30년 　├ **행**복주택: 젊은 층 　├ **통**합공공임대: 영＋국＋행 　└ **장**기전세: 전세계약방식

　◐ **민간임대주택에 관한 특별법**: 공공지원**민간**임대주택(10년), **민간**매입임대주택

(4) **분양주택정책**: **투기선규** – 투기가 발생하는 경우는 선분양과 분양가규제

　① 분양가규제
　　• **적용대상**: 다음 지역에서 공급하는 공동주택은 분양가상한제를 적용하여야 한다.
　　　㉠ 공공택지
　　　㉡ 민간택지에서 주택가격 상승 우려가 있어 국토교통부장관이 지정하는 지역
　　　㉢ (**적용 제외**) 도시형 생활주택 등은 분양가상한제를 적용하지 아니한다.
　② **분양가격**: 택지비 + 건축비
　③ **전매 제한**: 투기를 막기 위해 입주자로 선정된 지위에 대하여 전매를 제한할 수 있다.
　④ **효과**: 공급자를 규제하므로 신규주택의 공급이 감소하고 질이 하락한다.

(5) **선분양**: 건설사가 초기에 건설자금을 확보하기에 유리한 제도

구 분	선분양(공급자 유리)	후분양(공급자 불리)
의 의	건설 전 매각	건설 후 매각
장 점	개발업자에게 유리(자금조달)	좋은 품질
단 점	분양권전매(투기) 가능성 높음	초기 주택공급량 감소함

40 유량의 경제변수는 모두 몇 개인가? 35회 적중(100%)

㉠ 신규공급량	㉡ 순영업소득	㉢ 가격
㉣ 주택보급률	㉤ 주택재고	㉥ 도시인구
㉦ 임대료	㉧ 통화량	

① 1개　　② 2개　　③ 3개　　④ 4개　　⑤ 5개

41 주거분리와 하향여과에 관한 설명으로 옳은 것은?

① 저소득층 주거지역에서 주택의 보수를 통한 가치 상승분이 보수비용보다 크다면 상향여과가 발생할 수 있다. 감평 36회
② 고소득층 주거지역과 인접한 저소득층 주택은 할인되어 거래될 것이다.
③ 민간주택에서 불량주택이 발생하는 것은 시장실패 상황이다.
④ 상향여과는 상위소득계층이 사용하던 기존주택이 하위소득계층의 사용으로 전환되는 것을 말한다.
⑤ 주거분리란 상업지역과 주거지역이 분리되는 현상을 말하며, 도시 전체뿐만 아니라 지리적으로 인접한 근린지역에서도 발생한다.

42 임대주택정책에 관한 설명으로 옳은 것은? 35회 적중(80%)

① 소득대비 주택가격비율(PIR)이 낮아질수록 가구의 주거비부담은 커진다.
② 주거바우처제도를 시행하면 저가주택의 공급량이 감소하고 주거의 질은 개선된다.
③ 임대료를 규제하면 초과수요가 발생하고 기존 임차자들의 주거이동이 제한된다.
④ 공공임대주택은 민간임대주택과 동일수준의 가격으로 제공하여야 한다.
⑤ 공공임대주택의 종류에는 영구임대, 국민임대, 행복주택, 통합공공임대, 장기전세, 공공지원민간임대주택, 민간매입임대주택 등이 있다. 35회

43 분양주택정책에 대한 설명이다. 틀린 것은?

① 분양가규제(분양가상한제)는 투기를 유발할 수 있기 때문에 이를 방지하기 위해서 전매제한을 강화한다.
② 분양가를 규제하면 공급의 가격탄력성이 탄력적일수록 초과수요량이 더 커진다.
③ 공공택지 중에서 주택가격 상승 우려가 있어 국토교통부장관이 지정하는 지역에서는 분양가상한제를 적용하여야 한다.
④ 도시형 생활주택은 분양가상한제를 적용하지 않는다.
⑤ 선분양제도는 초기자금부담을 완화할 수 있다는 측면에서 공급자에게 유리하다.

예상문제 17번: 부동산조세		기출								
01	세금의 종류와 기능				29	30	31	32	33	34	35
02	조세부과의 효과	26		28			31				
03	토지단일세										35

(1) **세금의 종류와 기능** (거지보국 − 취재종양 − 국부증상)

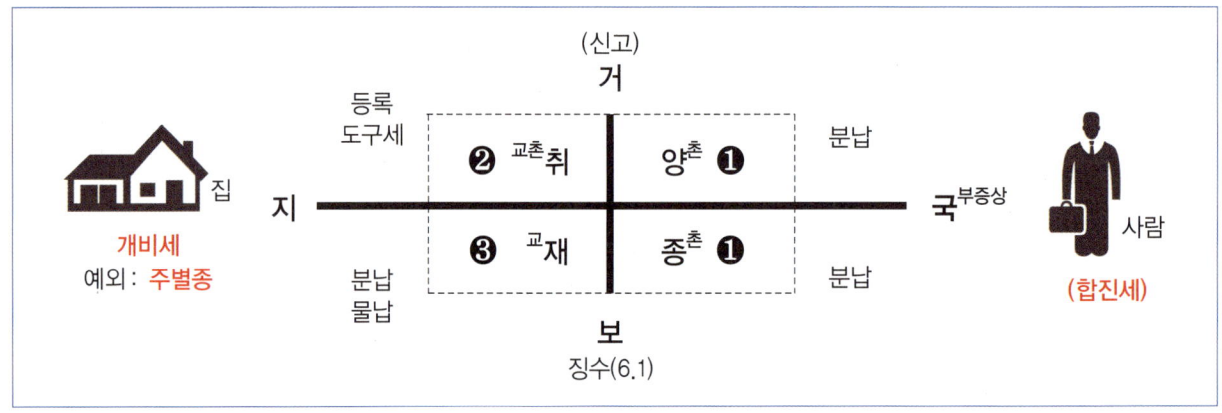

(2) **조세부과의 효과**(임대인에게 재산세 30원 부과시)

① **조세의 전가**: 세금은 수요자와 공급자가 나누어서 낸다.
② **사람**: 탄력적이면 부담은 적다. (완전탄력적이면 부담 0)

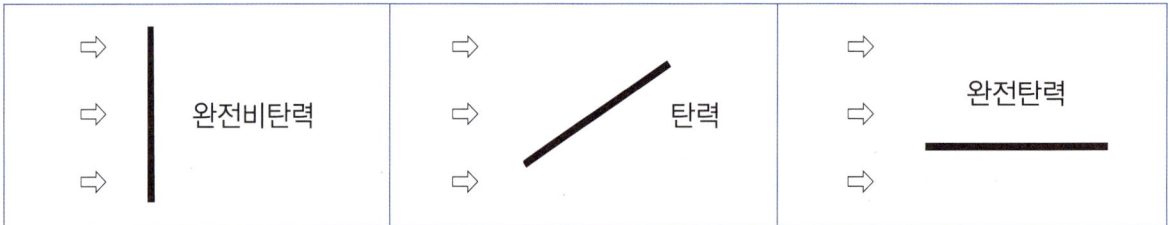

③ **시장**: 탄력적이면 왜곡이 크다. (경제적 순손실이 크다.)

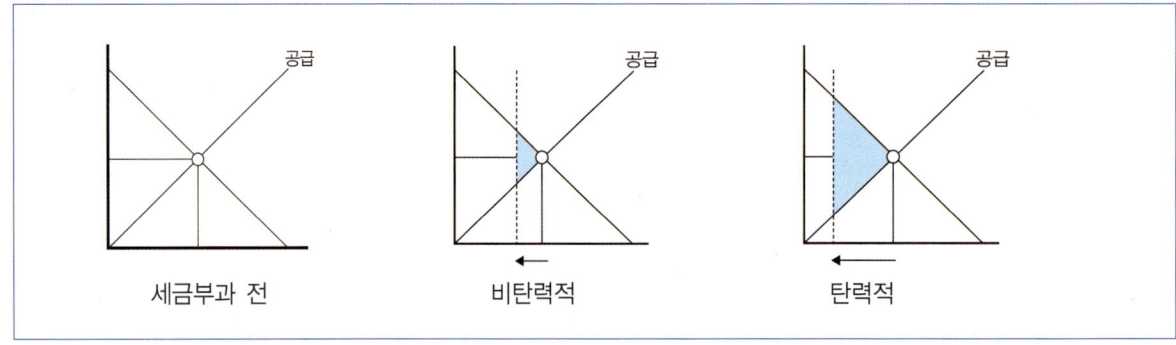

④ 양도소득세 중과세 ⇨ 주택공급 **동결효과** 발생(공급감소) ⇨ 주택가격 상승

(3) **헨리 조지의 토지단일세**

① 토지에는 세금을 부과해도 공급량감소(시장왜곡)가 발생하지 않는다.
② **헨리 조지**: 시장왜곡이 없는 토지에만 세금을 부과하자는 토지단일세를 주장

44 우리나라의 부동산조세제도에 관한 설명으로 옳은 것은? 35회 적중(100%)

① 취득세와 등록면허세 및 양도소득세는 신고납부방식이다.
② 상속세와 재산세는 부동산의 취득단계에 부과한다. 감평 36회
③ 종합부동산세의 납세지는 부동산소재지이다.
④ 부가가치세, 증여세, 상속세, 등록면허세, 종합부동산세는 모두 국세이다.
⑤ 종합부동산세와 재산세의 과세기준일은 매년 7월 1일이다.

45 부동산조세에 관한 설명으로 옳은 것은? 35회 적중(100%)

① 거래세를 인상하면 수요자와 공급자의 잉여는 모두 감소하며, 사회 전체적으로는 경제적 후생손실이 발생하는데 이러한 후생손실은 비탄력적일수록 더 커진다.
② 공공임대주택의 공급 확대 정책은 임대주택의 재산세가 임차인에게 전가되는 현상을 심화시킨다.
③ 임대인이 탄력적이고 임차인이 비탄력적일 때, 재산세를 부과하면 재산세가 수요자에게 전가되는 부분이 상대적으로 많다.
④ 지가상승에 대한 기대가 퍼져 있는 상황에서 양도소득세가 중과되어 동결효과가 발생하면 지가가 하락한다.
⑤ 헨리 조지는 토지에 대한 보유세는 자원배분 왜곡이 심한 비효율적 세금이므로 토지세를 없애자고 주장하였다.

예상문제 18번: 부동산투자 개요	기출					
01 부동산투자의 장점	27					
02 지렛대효과	27	29		31	33	34

(1) **부동산투자**: 장래 기대되는 현금유입과 현재 지출되는 현금유출을 교환

① 소득이득과 자본이득의 동시 향유

② **대출이자와 감가상각비에 대한 절세효과 발생**: (순 − 이 − 감) × 세율

③ 인플레이션 방어(구매력 보호 = 헷지 = 울타리)

(2) **지렛대효과**(자기자본수익률 계산) − **아부지**

다음의 경우 1년간 자기자본수익률을 구하시오.

- 기간 초 부동산가격: 8억원
- 융자금액: 5억원
- 1년간 순영업소득(NOI): 연 3천만원
- 1년간 부동산가격 상승률: 연 2%
- 대출조건: 이자율 연 5%

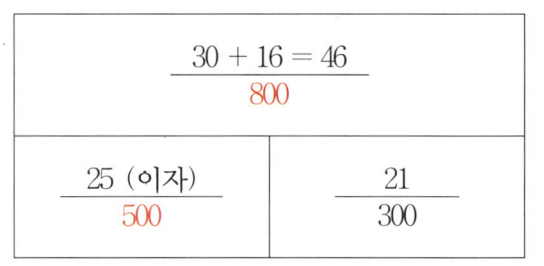

🔖**기출** 부채비율이 50%, 총자본수익률(또는 종합수익률)이 10%, 저당수익률이 8%라면 자기자본수익률은 12%이다.

🔒 정답 (×) ⇨ 11%이다.

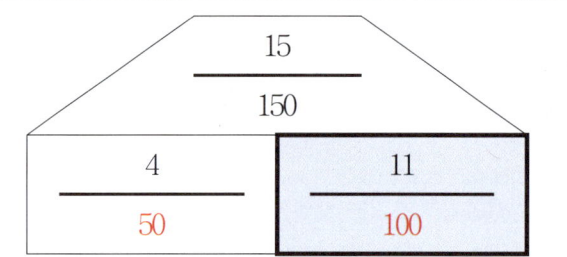

(3) **지렛대효과 이론**

① 투자한 곳의 수익률이 저당이자율과 비교했을 때 더 높으면 정의 지렛대효과(이익), 같으면 중립적 지렛대효과(본전), 낮으면 부의 지렛대효과(손해)가 발생한다.

⇨ **투자자에게 유리한 상황이면 정(+), 불리한 상황이면 부(−)**

② 타인자본을 이용하면 투자위험도 증가한다. (금융위험)

③ 중립적 지렛대 상태이면 부채비율 조정해도 항상 지분수익률은 동일하다.

④ 부채비율을 조정으로 부(−)의 지렛대를 정(+)의 지렛대로 전환시킬 수는 없다.

46 부동산투자에 관한 설명으로 옳은 것은?

① 부동산투자는 현재의 불확실한 현금유출과 장래의 확실한 현금유입을 교환하는 행위이다.
② 총자본수익률(종합수익률)이 지분수익률보다 높으면 정(+)의 지렛대효과가 발생한다.
③ 중립적 레버리지인 경우 대부비율 또는 부채비율이 올라가면 자기자본수익률은 상승한다.
④ 지렛대효과를 이용해서 부동산에 투자하는 경우 원리금지급분 및 감가상각비에 대한 절세효과를 기대할 수 있다.
⑤ 부(-)의 레버리지효과가 발생할 경우 부채비율을 낮추어도 정(+)의 레버리지효과로 전환할 수는 없다.

47 부동산투자에서 (㉠)타인자본을 활용하지 않은 경우와 (㉡)타인자본을 40% 활용하는 경우, 각각의 1년간 자기자본수익률(%)은? 감평 35회

- 부동산 매입가격: 10,000만원
- 1년 후 부동산 처분
- 순영업소득: 연 500만원(기간 말 발생)
- 보유기간 동안 부동산가격 상승률: 연 2%
- 대출조건: 이자율 연 4%, 대출기간 1년, 원리금은 만기일시상환

① ㉠: 7.0, ㉡: 7.0   ② ㉠: 7.0, ㉡: 8.0   ③ ㉠: 7.0, ㉡: 9.0
④ ㉠: 7.5, ㉡: 8.0   ⑤ ㉠: 7.5, ㉡: 9.0

예상문제 19번: 화폐의 시간가치		기출							
01	화폐의 시간가치 계산		27	28		30	31	32	33	
02	화폐의 시간가치 이론	26			29	30		32		

(1) **화폐의 시간가치 계산**: 복리 적용

미래가치 구하기(곱하기 1.1) = 할증	현재가치 구하기(나누기 1.1) = 할인
현재 1년 후 2년 후 ├─────┼─────┤ 100원 ──→ 110원 100원 ──────────→ 121원	현재 1년 후 2년 후 ├─────┼─────┤ 90.9 ←── 100원 82.6 ←────────── 100원

(2) **화폐의 시간가치 이론**(연현사 연미육: 5년 기준)

현가계수	일시금 (×1) 현재가치계수 (1 대신 $\frac{4}{6}$)	$\frac{4}{6}$	내가계수	일시금 (×1) 미래가치계수 (1 대신 $\frac{6}{4}$)	$\frac{6}{4}$
	연금 (×5) 현재가치계수 (5 대신 4)	4		연금 (×5) 미래가치계수 (5 대신 6)	6
	저당상수 (× $\frac{1}{5}$) ($\frac{1}{5}$ 대신 $\frac{1}{4}$)	$\frac{1}{4}$		감채기금계수 (× $\frac{1}{5}$) ($\frac{1}{5}$ 대신 $\frac{1}{6}$)	$\frac{1}{6}$

(3) **저당상수와 연금의 현가계수**

① **매기 상환액**은 저당상수 적용 (상환상수, 적금기금)

: 원리금균등상환조건: 부채(5) × 저당상수($\frac{1}{4}$) = 부채서비스액(1.25)

② **잔금**은 연금의 현가계수 적용 (잔금은 연현사에 있음)

: 연현사에 고기 먹으려고 잔금 많이 남아 있음

48 화폐의 시간가치에 관한 설명으로 옳은 것은?

① 10년 후에 1억원이 될 것으로 예상되는 토지의 현재가치를 계산할 경우 연금의 현재가치계수를 사용한다.
② 5년 후 주택구입에 필요한 자금 3억원을 모으기 위해 매월 말 불입해야 하는 적금액을 계산하려면, 3억원에 감채기금계수를 곱하여 구한다.
③ 원리금균등상환방식으로 주택저당대출을 받은 경우, 저당대출액에 연금의 현가계수를 곱해서 매기 원리금상환액을 계산한다.
④ 연금의 현재가치계수에 감채기금계수를 곱하면 연금의 미래가치계수이다.
⑤ '잔금비율 = 1 − 상환비율'이며, 잔금비율은 $\dfrac{저당상수(잔존기간)}{저당상수(전체기간)}$이다.

49 A는 승계가능한 대출로 주택을 구입하고자 한다. 다음과 같은 조건으로 기존 주택저당대출을 승계받을 때, 이 승계권의 가치는 얼마인가? 감평 36회, 감평 34회

- 기존 주택저당대출
  - 현재 대출잔액: 3억원
  - 원리금균등분할상환방식: 만기 20년, 대출금리 5%, 고정금리대출
- 신규 주택저당대출
  - 대출금액: 3억원
  - 원리금균등분할상환방식: 20년, 대출금리 7%, 고정금리대출
- 월 기준 연금현가계수
  - (5%, 20년): 150
  - (7%, 20년): 125

야매공식
$\left(\dfrac{125}{150} - 1\right) \times 3억원$

① 4,375만원 ② 5,000만원 ③ 5,625만원 ④ 6,250만원 ⑤ 6,875만원

50 다음은 투자부동산의 매입, 운영 및 매각에 따른 현금흐름이다. 이에 기초한 순현재가치는? (단, 0년차 현금흐름은 초기투자액, 1년차부터 7년차까지 현금흐름은 현금유입과 유출을 감안한 순현금흐름이며, 기간이 7년인 연금의 현가계수는 3.50, 7년 일시불의 현가계수는 0.60이고, 주어진 조건에 한함)

(단위: 만원)

기간(년)	0	1	2	3	4	5	6	7
현금흐름	−1,100	120	120	120	120	120	120	1,420

① 100만원 ② 120만원 ③ 140만원 ④ 160만원 ⑤ 180만원

예상문제 20번: 투자의 현금흐름 분석	기출							
01 부동산투자의 현금흐름 개요								
02 운영수입 계산								
03 운영수입 이론	27	28	29	30				
04 매각수입 이론								

(1) **부동산투자의 현금흐름 개요**

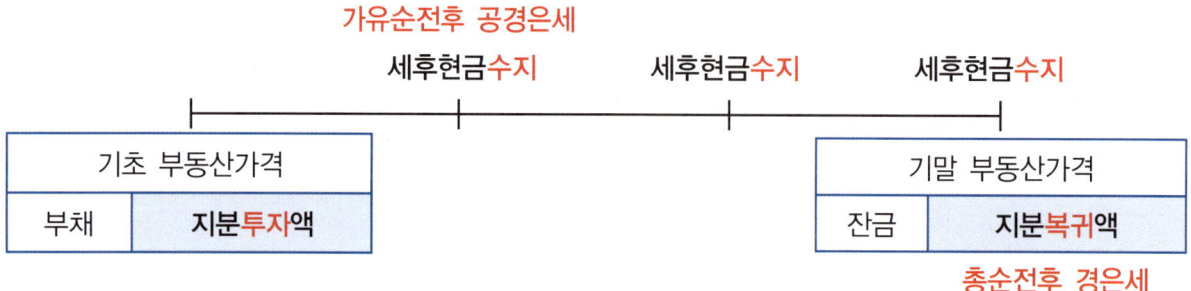

(2) **운영수입**(수지): 가유순전후 공경은세

가능총소득	가	− 공실	− 공실 및 불량부채 + 기타수입: 주차장수입 등 영업외수입
유효총소득	유	− 경비	포함: 관리비 + 보험료 + **재산세** + 대체준비비 등 불포함: **공부소감**, 개인업무비, 소유자 급여, 자본적 지출
순영업소득	순	− 은행	표현: 원리금상환액, 부채서비스액 내용: **원금 + 이자**
세전현금수지	전	− 세금	표현: 영업소득세 산정: (**순**영업소득 − **이자** − **감**가상각비) × 세율
세후현금수지	후		

(3) **매각수입**(복귀): 총순전후 경은세

처분수입	공제항목
총매도액	− **경**비: 중개수수료, 법적 수속료, 기타경비
순매도액	− **은**행: 대부액 × 잔금비율 ⇨ 잔금은 연현사에
세**전**지분복귀액	− **세**금: 자본이득세(양도소득세)
세**후**지분복귀액	

51 투자부동산 A에 관한 투자분석을 위해 관련 자료를 수집한 내용은 다음과 같다. 이 경우 순영업소득은?

- 유효총소득 : 360,000,000원
- 대출원리금 상환액 : 50,000,000원
- 수도광열비 : 36,000,000원
- 수선유지비 : 18,000,000원
- 공실손실상당액과 대손충당금 : 18,000,000
- 직원 인건비 : 80,000,000원
- 감가상각비 : 40,000,000원
- 용역비 : 30,000,000원
- 재산세 : 18,000,000원
- 사업소득세 : 3,000,000원

① 138,000,000원　② 157,000,000원　③ 160,000,000원
④ 178,000,000원　⑤ 258,000,000원

52 부동산투자의 현금흐름 추정에 관한 설명으로 옳은 것은?

① 순영업소득은 유효총소득에서 영업경비과 기타소득을 차감한 소득을 말한다.
② 영업경비는 부동산 운영과 직접 관련 있는 경비로, 광고비, 전기세, 수선비가 이에 해당된다.
③ 순영업소득은 지분투자자에게 귀속되는 소득을 말한다.
④ 세전지분복귀액은 순영업소득에서 미상환 저당잔액을 차감하여 지분투자자의 몫으로 되돌아오는 금액을 말한다.
⑤ 부동산투자에 대한 대가는 보유시 대상부동산의 운영으로부터 나오는 자본이득과 처분시의 소득이득의 형태로 나타난다.

예상문제 21번 : 수익과 위험	기출

01	부동산투자의 수익					30	32		34[2]
02	부동산투자의 위험			28	29				34

(1) **부동산투자의 수익**: 기대수익률이 요구수익률보다 크거나 같으면 타당성이 있다.

기대수익률	자산비중	경제상황별 예상수익률			
		호황(40%)		불황(60%)	
상가	20%	20%	= 400	10%	= 200
오피스텔	30%	25%	= 750	10%	= 300
아파트	50%	10%	= 500	8%	= 400
			= 1,650		= 900

기대수익률 = (1,650 × 0.4) + (900 × 0.6) = 1,200(12%)

요구수익률	=	무위험률	+	위험할증률
• 주관적인 수익률 • **최소한의 수익률** • 기회비용, 자본비용		• 시간의 대가 • **시장금리**에 연동 • 정기예금이자율		• 불확실성 대가 • 위험할수록 증가 • 보수일수록 증가

(2) **부동산투자의 위험**: 표준편차, 분산, 변이계수

```
┌ 기대수익률 12%  ──────▶  실현수익률 12% ± α
└ 요구수익률 10%                    ⇩
   기대치가 실현 안 될 가능성: 위험 = 편차 = 분산 = 변이계수(위험 ÷ 수익)
```

위험의 종류	위험의 관리방법
사업위험 : 시장위험 + 운영위험 + 위치위험	**위험전가** : 보험
금융위험 : 부채위험	**위험보유** : 충당금 설정
유동성위험 : 현금부족위험	**위험회피** : 투자대상에서 제외
기타 : 비용위험 + 인플레위험 등	**위험통제** : 민감도분석 − 위험축소

① **처리방법**: **기대**를 **하향조정**하거나 **요구**(할인율)를 **상향조정**한다. (기하요상)
② **민감도분석**: 투자효과를 분석하는 모형의 투입요소가 **변화**함에 따라, 그 결과치에 어떠한 영향을 주는가를 분석하는 기법이다. (민변)

(3) **위험과 수익의 관계**: 위수정, 위가반

┌ 위험과 수익은 정비례관계(상쇄관계)이고, 위험과 가치는 반비례관계이다.
└ 투자대상의 위험이 상승할수록 투자자가 요구하는 수익도 커진다.

53 전체 구성자산의 기대수익률은? (단, 확률은 호황 80%, 불황 20%이다.)

구 분	자산비중	경제상황별 예상수익률	
		호 황	불 황
상 가	20%	20%	2%
오피스텔	40%	16%	6%
아파트	40%	10%	8%

① 9.6%   ② 10.2%   ③ 11.64%   ④ 12%   ⑤ 12.72%

54 부동산투자에 관한 설명으로 옳은 것은?

① A부동산의 예상순수익이 3,000만원이고 투자자의 요구수익률이 6%인 경우, A부동산의 투자가치는 1.8억원이다.
② 기대수익률이 요구수익률보다 크거나, 시장가치가 투자가치보다 큰 경우 투자타당성이 있다.
③ 투자위험은 기대수익을 하향조정하거나 요구수익률을 상향조정해서 반영한다.
④ 부동산투자자가 대상부동산을 원하는 시기와 가격에 현금화하지 못하는 경우는 금융위험에 해당한다.
⑤ 기대수익률은 다른 투자의 기회를 포기한다는 점에서 기회비용이라고 하며, 투자자가 대상부동산에 자금을 투자하기 위해 충족되어야 할 최소한의 수익률이다.

	예상문제 22번 : 할인법(DCF기법)	기출								
01	할인법(DCF) 계산						31	32		
02	할인법(DCF) 이론	26	27	28	29	30		32	33	34
03	순현가법과 내부수익률법 비교										35

(1) **할인법**(DCF) **개요** : 순영씨 수일이가 내요

할인현금수지분석법(DCF기법)은 장래 매 기간 불규칙하게 발생하는 현금흐름을 현재시점의 가치로 일치화시켜 분석하는 기법이다.

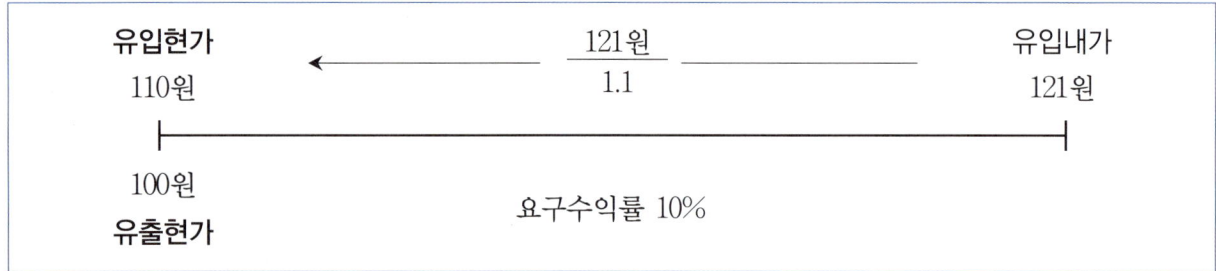

순현재가치법	수익성지수법	내부수익률법
$\dfrac{110}{100}$ (뺀값 = 10)과 0을 비교	$\dfrac{110}{100}$ (나눈값 = 1.1)과 1을 비교	$\dfrac{100}{100}$ (같게율 21%)와 요구수익률 비교 '같게 = 순0 = 수1'로 만드는 할인율

(2) **순현가법**(성격)**과 내부수익률법**(외모) **비교** (순현가법이 더 우수 – 좋은 말은 순현가법)

구 분	순현가법	내부수익률법
재투자수익률 (통닭 재주문)	• 요구수익률(더 합리적임) 적용 (순살요)	• 내부수익률 적용 (내내)
복수해, 무해	• 내부수익률법은 복수해(나쁜 말) 또는 무해의 가능성 있음 이 경우 순현가법으로 다시 분석해야 함	
부의 극대화	• 부의 극대화(좋은 말)를 판단하기 위해서는 순현가법으로 분석해야 함	
가치가산원리	• 가치가산의 원리(좋은 말)가 적용되는 것은 순현가법임	

55 부동산투자분석기법에 관한 설명으로 옳은 것은?

① 내부수익률은 현금유입의 현재가치 합과 현금유출의 현재가치 합을 0으로 만드는 할인율을 말한다.
② 화폐의 시간가치를 고려한 방법으로는 순현재가치법, 내부수익률법, 현가회수기간법, 회계적이익률법 등이 있다.
③ 순현재가치가 '1'인 투자안의 수익성지수는 항상 '0'이 된다.
④ 내부수익률법은 내부수익률과 1을 비교하는 투자분석기법이다.
⑤ 현금유입의 현재가치에서 현금유출의 현재가치를 나눈 값이 1보다 크거나 같으면 투자타당성이 있다.

56 부동산투자분석기법에 관한 설명으로 옳은 것은? 35회 적중(100%)

① 투자규모에 차이가 있는 상호 배타적인 투자안의 경우에는 순현재가치법과 수익성지수법을 통한 의사결정은 항상 일치한다.
② 재투자율로 내부수익률법에서는 내부수익률을 사용하지만, 순현가법에서는 기대수익률을 사용한다.
③ 투자안 A의 내부수익률이 7%이고 투자안 B의 내부수익률이 5%인 경우, 결합투자안(A + B)의 내부수익률은 12%가 된다.
④ 투자금액이 동일하고 순현재가치가 모두 0보다 큰 2개의 투자안을 비교·선택할 경우, 부의 극대화 원칙에 따르면 내부수익률보다 순현재가치가 큰 투자안을 채택한다.
⑤ 투자자산의 현금흐름과 상관없이 투자안은 항상 하나의 내부수익률만 존재한다.

57 할인율이 연 10%라고 할 때 순현가와 수익성지수 및 내부수익률을 각각 구하시오(근사치).

사 업	초기 현금지출	2년 후 현금유입
A	4,000만원	5,290만원

	순현재가치	수익성지수	내부수익률
①	372만원	1.322	12%
②	372만원	1.093	12%
③	372만원	1.093	15%
④	809만원	1.202	15%
⑤	809만원	1.202	18%

예상문제 23번: 비할인법	기출								
01 비할인법 계산	26	27	28	29	30			33	34³	35
02 비할인법 이론	26		28			31		33²		35

(1) 비할인법 계산

100 (가격) (총투자)	
80 (부채)	20 (지분)

50	가능총소득	− 공실	10
40	유효총소득	− 경비	10
30	순영업소득	− 은행	10
20	세전현금수지	− 세금	10
10	세후현금수지		

× 저당상수

부채비율	$\frac{80}{20}$	가능총소득승수	$\frac{100}{50}$	자본환원율	$\frac{30}{100}$
지분환원율 (지분배당률)	$\frac{20}{20}$	자본회수기간	$\frac{100}{30}$	대부비율 (LTV)	$\frac{80}{100}$
순소득승수	$\frac{100}{30}$	채무불이행률	$\frac{10+10}{40}$	세전승수	$\frac{20}{20}$
유효총소득승수	$\frac{100}{40}$	총자산회전율	$\frac{50}{100}$	부채감당률	$\frac{30}{10}$

(2) 비할인법 이론

① 대부비율이 80%이면 부채비율은 400%가 된다.
② 순소득승수 = 자본회수기간, 순소득승수의 역수는 종합환원율
③ **자본환원율의 개념**: 요구수익률, 할인율, 비용
④ 부채감당률이 1보다 작다는 것은 순영업소득이 매기간의 원리금상환액(부채S)을 감당하기에 부족하다는 것을 의미한다.

(3) 자본회수기간법: 예상회수기간이 짧을수록 좋은 투자안이다.

기 간	1기	2기	3기	4기	5기
초기투자액 1억원					
순현금흐름	3,000	2,000	2,000	6,000	1,000
회수누적액	3,000	5,000	7,000	1억	회수기간은 3년 6개월

58 부동산투자분석기법에 관한 설명으로 옳은 것은? 35회 적중(100%)

① 대부비율이 80%인 경우 부채비율은 400%이다.
② 일반적으로 총소득승수가 순소득승수보다 더 크다.
③ 대부비율은 지분투자액에 대한 부채의 비율이다.
④ 자본환원율은 자본의 기회비용을 반영하므로, 순영업소득과 자산의 가격을 곱하여 산정한다.
⑤ 채무불이행률은 대상부동산의 순영업소득으로 영업경비와 부채서비스액을 충당할 수 있는지를 판단하는 지표이다.

59 부동산투자분석기법에 관한 설명으로 옳은 것은?

① 자본회수기간이 목표회수기간보다 긴 투자안은 타당성이 있다.
② 회계적이익률이 목표이익률보다 낮은 투자안은 타당성이 있다.
③ 부채감당률이 1보다 크다는 것은 부채서비스액이 순영업소득보다 크다는 것을 의미한다.
④ 순소득승수가 큰 투자안일수록 자본회수기간이 길고, 환원이율의 값이 작다.
⑤ 자본환원율이 하락할수록 신규개발사업의 추진이 어려워진다.

60 비율분석법을 이용하여 산출한 것으로 옳지 않은 것은? (단, 주어진 조건에 한하며, 연간 기준임)
35회 적중(100%)

- 주택담보대출액 : 2억원
- 주택담보대출의 연간 원리금상환액 : 1천만원
- 부동산가치 : 4억원
- 차입자의 연소득 : 5천만원
- 가능총소득 : 4천만원
- 공실손실상당액 및 대손충당금 : 가능총소득의 25%
- 영업경비 : 가능총소득의 50%

① 부채감당률(DCR) = 1.0　　② 채무불이행률 = 1.0
③ 총부채상환비율(DTI) = 0.2　　④ 부채비율 = 1.0
⑤ 저당상수 = 0.1

예상문제 24번: 포트폴리오 이론	기출								
01 평균분산모형									
02 분산투자의 논리	26	27	28	29	30		32	33	34	35
03 최적포트폴리오 선택과정									

(1) 평균분산모형

- 평균(수익)과 분산(위험)으로 투자안을 결정
  - 수익이 같으면(A = B) 위험이 낮은 투자안(A)을 선택
  - 위험이 같으면(B = D = E) 수익이 높은 투자안(E)을 선택
- A와 E 중 하나를 평균분산결정법으로 선택
  - 결정할 수 없다.

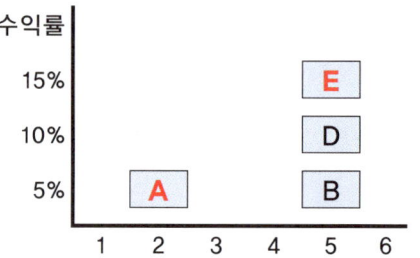

(2) 포트폴리오 이론 - 분산투자의 논리

① **의의**: 여러 곳에 분산투자하면 수익의 희생 없이 비체계적 위험을 제거할 수 있다.

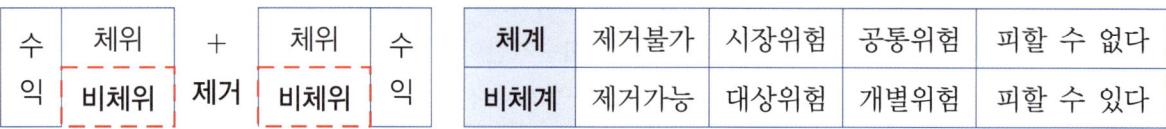

② **상관계수**: 상관계수가 낮은 투자안끼리 결합하는 것이 유리하다.

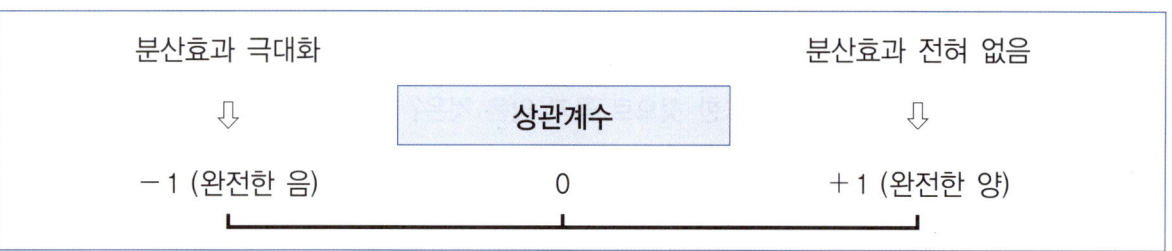

(3) 최적포트폴리오 선택과정: 무효접

무차별곡선과 **효**율적 프론티어가 **접**하는 점이 그 투자자의 최선의 투자안이 된다.

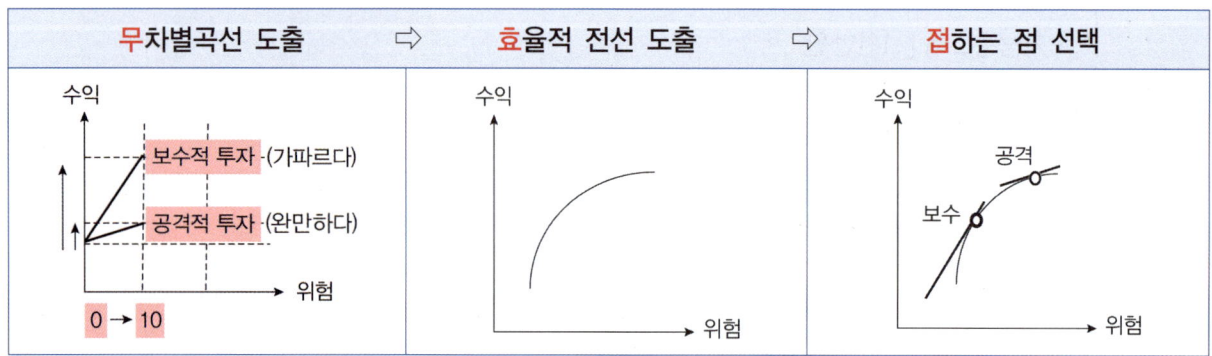

61 부동산 포트폴리오에 관한 설명으로 옳은 것은? 35회 적중(상)

① 평균 − 분산 지배원리에 따르면, A투자안과 B투자안의 기대수익률이 같은 경우, A투자안보다 B투자안의 기대수익률의 표준편차가 더 작다면 A투자안이 더 선호된다.
② 시장성분석을 통해 투입요소의 변화가 그 투자안의 내부수익률에 미치는 영향을 분석할 수 있다.
③ 시장 내 투자안들이 가지는 개별적인 위험을 체계적인 위험이라고 하며, 이러한 체계적 위험은 분산투자를 통해 감소시킬 수 없다.
④ 포트폴리오 구성자산들의 수익률분포가 −1의 상관관계에 있을 경우, 자산구성비율을 조정하면 비체계적 위험을 0까지 줄일 수 있다.
⑤ 포트폴리오의 기대수익률은 개별자산의 기대수익률을 가중평균하여 구하고, 포트폴리오의 위험은 개별자산의 총위험을 가중평균하여 구한다.

62 최적포트폴리오의 선택과정에 관한 설명으로 옳은 것은?

① 효율적 프런티어(효율적 전선)이란 평균 − 분산 지배원리에 의해 모든 위험수준에서 최저의 기대수익률을 얻을 수 있는 포트폴리오의 집합을 말한다.
② 효율적 프론티어는 우하향의 형태로 나타나며 이는 위험과 수익이 비례관계에 있다는 것을 의미한다.
③ 투자자의 무차별곡선은 좌측에 존재할수록 효용이 높으며, 투자자가 공격적 성향의 투자자일수록 투자자의 무차별곡선의 기울기는 완만하다.
④ 효율적 프론티어와 특정 투자자의 무차별곡선이 만나는 모든 점이 그 투자자의 최적 포트폴리오가 된다.
⑤ 포트폴리오이론은 투자시 여러 종목에 분산 투자함으로써 수익을 최대치로 올리고자 하는 자산투자이론이다.

참고 합리적인 투자자가 가장 선호할 자산은? 감평 36회

자산구분	토 지	아파트	오피스	채 권	주 식
수익률	0.82%	0.95%	2.23%	0.99%	1.90%
표준편차	1.17%	2.19%	1.05%	1.05%	8.11%

① 오피스　　② 채권
③ 아파트　　④ 주식
⑤ 토지

🔒 정답 ①

예상문제 25번: 대출이자율과 대출금액		기출							
01	부동산금융 개요								
02	대출위험	26	27					33	
03	대출이자율 결정								
04	융자가능금액 계산문제	26	27	28		31	32		35

(1) 부동산금융 개요

① 부동산금융은 개발금융(공급자금융)과 소비금융(수요자금융)으로 구분할 수 있다.

② 금융시장의 구조

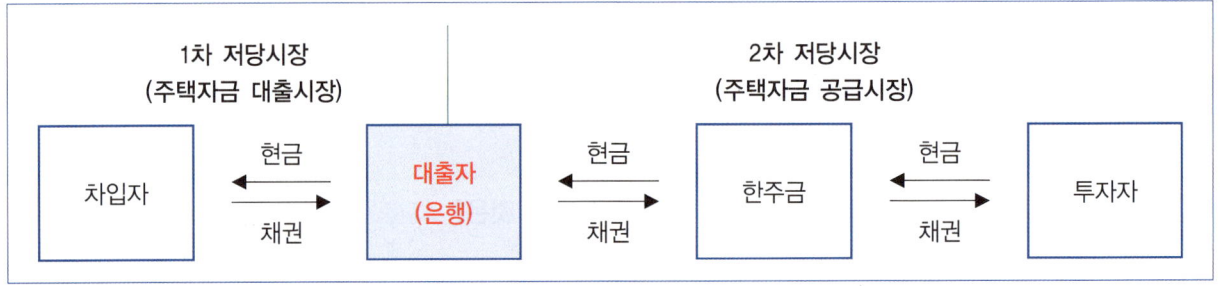

(2) 대출자(금융기관)의 금융위험

고정금리 대출시 금리가 상승하면 **인**플레 위험, 하락하면 **조**기상환위험 발생

(3) 대출이자율 결정

① 대출이자율(변동금리) = **기준금리(예금금리)** + **가산금리**
　　　　　　　　　　　　 코픽스금리, 변동함　　　　차입자의 신용도

② 변동금리: 차입자에게 위험 전가. 이자율 조정주기가 빠를수록 빨리 전가시킴
　　　　　　고정금리 9%, 변동금리는 8%

③ 대출위험이 높아질수록(장기대출, 융자비율 상승, 고정금리) 대출금리는 상승함

④ 동일한 이자율이면 대출자는 기초에 받는 것이 기말에 받는 것보다 유리하다.

(4) 최대융자가능금액 산정

구 분	주 택	상 가	DTI와 DSR 비교
담보가치	$\dfrac{L}{V}$	$\dfrac{L}{V}$	$\text{DTI} = \dfrac{\text{저당원리금상환액 + 기타대출 이자상환액}}{\text{차입자의 소득}}$
상환능력	$\dfrac{D}{I}$	부채감당률 $\dfrac{순}{부}$	$\text{DSR} = \dfrac{\text{저당원리금상환액 + 기타대출 원리금상환액}}{\text{차입자의 소득}}$

63 부동산금융에 관한 설명으로 옳은 것은?

① 다른 조건이 일정할 때 융자상환기간이 장기일수록 차입자의 대출상환부담은 커진다.
② 시장에서 인플레이션이 발생하면 기준금리는 변하지 않고 가산금리가 상승한다.
③ 대출자는 기초에 한 번 이자를 받는 것보다 기간 중 4회 나누어 받는 것이 불리하다.
④ 랩어라운드 대출은 기존대출을 상환하고 신규대출을 별도로 제공하는 방식이다. 감평 36회
⑤ 다른 조건이 동일할 경우 변동금리대출이 고정금리대출보다 대출금리가 높다.

64 다음 조건의 경우 김백중의 최대 대출 가능금액은 각각 얼마인가? 35회 적중(100%)

- 대출승인 기준 : 담보인정비율(LTV) 40%
- 주택의 담보평가가격 : 5억원
- 총부채상환비율(DTI) : 40%
- 김백중의 연간 소득 : 6천만원
- 상가의 담보평가가격 : 5억원
- 부채감당률(DSCR) : 1.5
- 상가의 순영업소득 : 2천7백만원
- 연간 저당상수 : 0.10

	주택담보	상가담보		주택담보	상가담보
①	1.8억원	1.8억원	②	2.0억원	1.8억원
③	2.0억원	2.0억원	④	2.4억원	1.8억원
⑤	2.4억원	2.0억원			

65 부동산금융에 관한 설명으로 옳은 것은?

① 제2차 저당대출시장은 주택담보 대출시장을 의미한다.
② 총부채상환비율(DTI)과 총부채원리금상환비율(DSR)은 모두 연간 금융부채 원리금상환액 산정 시 주택담보대출 원리금상환액과 기타대출 원리금상환액을 모두 포함한다.
③ 담보인정비율(LTV)은 소득기준으로 채무불이행위험을 측정하는 지표이다.
④ 변동금리대출의 경우 금리 조정주기가 짧을수록 대출자의 위험은 높아진다.
⑤ 고정금리대출은 금리하락기에 조기상환 위험이 높다.

예상문제 26번 : 대출원리금의 상환		기출							
01	원리금상환방법 계산	26		28	29		31	32		
02	원리금상환방법 비교	26	27	28	29			32	33	35

(1) 원리금상환방법 비교

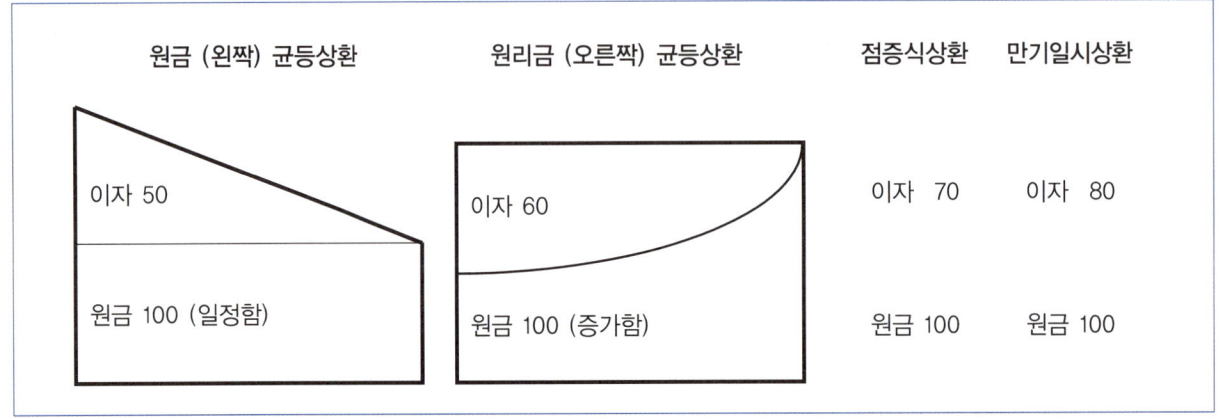

구 분		원금균등	원리금균등	점증식	만기일시
초기 원리금상환액(DTI)		가장 많다			가장 적다
중도상환시 잔금(LTV)		가장 적다			가장 많다
총 (누적)	원금상환액	100	100	100	100
	이자상환액	50	60	70	80
	원리금상환액	150	160	170	180

(2) 원리금상환방법 계산

원금균등	9회차 상환(갚은 것은 8회, 남은 것은 12회)			
원 금	$\dfrac{500(예시 ; 융자원금)}{20년(예시 ; 상환기간)} = 25$			
이 자 (남원이)	남은 기간	원금	이자율	= 15
	12회차	25	0.05 (예시)	
원리금	25 + 15 = 40			

원리금균등		1기			3기
원리금	부채	저당상수	원리금		원리금은 매년마다 동일함
	500	× 0.1	= 50		= 50
이 자	부채	이자율	이자		50 − 27.5625 = 22.4375
	500	× 0.05	= 25		
원 금	원리금 − 이자 = 원금				매년마다 이자율만큼씩 증가
	50 − 25 = 25				25 × 1.05 × 1.05 = 27.5625

66 백중이는 주택구입을 위해 10억원을 대출받았다. 대출이자율이 연리 5%인 경우 각각의 값을 구하시오.

(1) 원금균등분할상환조건인 경우 12년차의 원리금(상환기간 20년)
(2) 원리금균등상환조건인 경우 3년차의 이자(저당상수는 0.1을 적용한다)

	(1)	(2)
①	67,250,000원	42,475,000원
②	67,250,000원	44,875,000원
③	72,500,000원	42,500,000원
④	72,500,000원	42,475,000원
⑤	72,500,000원	44,875,000원

67 주택금융에 관한 설명으로 옳은 것은? 35회 적중(100%)

① 원금균등상환과 원리금균등상환의 만기시까지 원리금불입액 총누적금액은 동일하다.
② 원리금균등분할상환방식의 경우 잔금은 직선적으로 감소한다.
③ 원리금균등의 경우 전체기간의 절반이 지나면 원금의 반을 상환하게 된다.
④ 점증상환에서는 초기에 원리금의 납입액이 이자지급액에 미치지 못할 수 있는데, 이 경우 미상환 이자가 원금에 가산되어 부(-)의 상환이 일어날 수 있다. 감평 36회
⑤ 대출조건이 동일할 경우, 대출채권의 듀레이션은 원리금균등분할상환, 원금균등분할상환, 점증상환, 만기일시상환의 순으로 점점 더 짧아진다. 감평 36회

예상문제 27번: 2차 저당시장과 저당유동화		기출						
01	저당유동화 개요		27		30		33		
02	유동화증권의 종류	26	27	28			32		34	35
03	한국주택금융공사	26		28		31		33		35

(1) **저당유동화 개요**

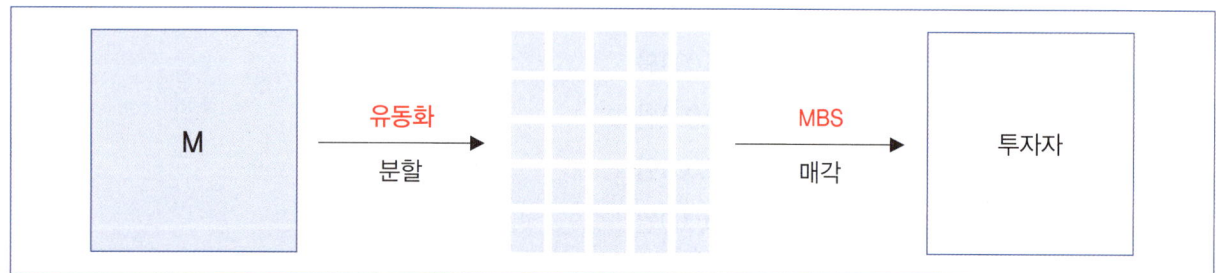

① **M과 MBS**: MBS가 M보다 안전성과 환금성은 높고 수익성은 낮다.
② **대출기관**: 유동성증가, BIS비율(현금비율)이 상승 ⇨ 대출여력 확대

(2) **유동화증권의 종류**(주택저당채권 = M, 주택저당증권 = MBS)

번호	명칭	성격
1	MPTS	지분증권, 고위험 + 고수익, 초과담보 ×
2	MBB	부채증권, 저위험 + 저수익, 초과담보 ○, 방어 ○, 모두 발행자 책임
3	MPTB	혼합형증권	채소밭에 조기투자 • 채무불이행위험과 저당소유권: 발행자의 몫 • 조기상환위험: 투자자의 몫
4	CMO	다양한 채권	

(3) **한국주택금융공사의 주택연금**

주택을 담보로 매월 100만원씩 빌리고(부채잔금 증가) 부부 모두 사망시 일시 상환하는 제도

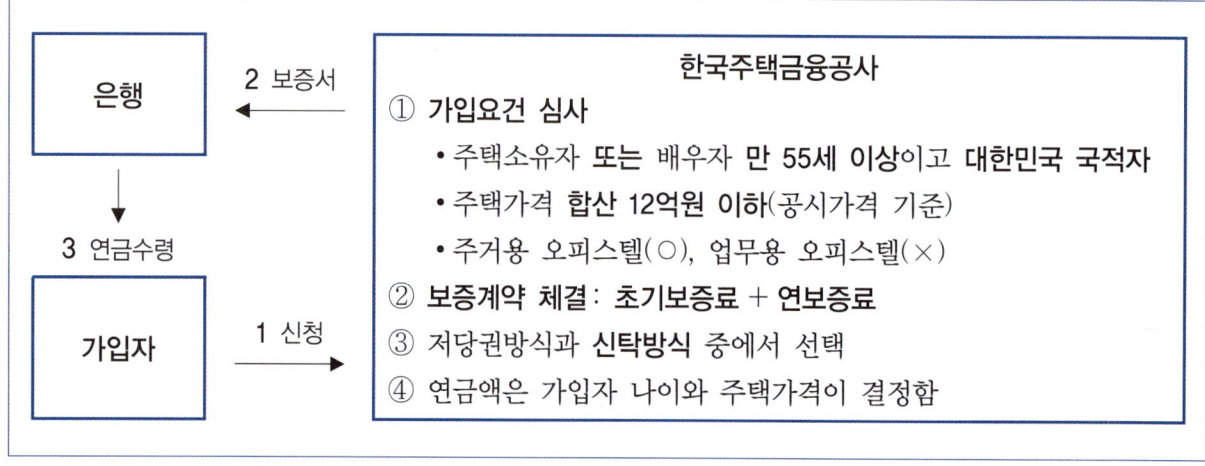

68 주택금융에 관한 설명으로 옳은 것은?

① 저당유동화가 활성화되면 대출기관의 유동성이 증대되고 주택시장에서 주택수요가 증가한다.
② 1차 주택저당 대출시장은 특별목적회사(SPC)를 통해 투자자로부터 자금을 조달하여 대출기관에 공급해주는 시장을 말한다.
③ 부동산개발PF ABCP는 자산유동화에 관한 법률에 근거하며 만기가 긴 채권이다.
④ 부동산개발PF ABS는 상법에 근거하며 만기가 짧은 채권이다.
⑤ 한국주택금융공사는 주택저당증권을 기초로 주택저당채권을 발행한다.

69 유동화증권(MBS)에 관한 설명으로 옳은 것은? 35회 적중(100%)

① MPTB : 조기상환위험은 투자자가 부담하고, 채무불이행위험은 증권발행자가 부담한다.
② MPTS : MBB증권보다 수명이 더 길고 더 많은 초과담보를 확보하고 있다.
③ MPTB : 위험 – 수익 구조가 다양한 트랜치의 증권이다.
④ MBB : 원차입자의 채무불이행이 발생하면 증권발행자가 투자자에게 원리금을 지급하지 않는다.
⑤ MPTS는 부채를 나타내는 증권이므로 유동화기관의 장부에 부채로 표기된다. 감평 36회

70 한국주택금융공사의 주택연금제도에 대한 설명으로 옳은 것은? 35회 적중(100%)

① 주택소유자와 배우자가 모두 만 55세 이상의 대한민국 국적자이어야 한다.
② 다주택자는 주택연금에 가입할 수 없다.
③ 주거용과 업무용 오피스텔도 대상주택에 포함된다.
④ 주택연금은 기간이 경과할수록 대출잔액이 증가한다.
⑤ 주택연금은 한국주택금융공사가 저당권방식과 신탁방식 중 하나를 결정한다.

예상문제 28번 : 공급자금융	기출							
01 민간자본유치사업(BTO와 BTL)	26	27	28			31	32	34	
02 프로젝트 금융		27		29				34	35
03 지분금융과 부채금융 구분	26		28	29		31	32		35

(1) 민간자본유치사업

B : 민간이 건설하다.	T : 소유권을 국가에 이전(양도, 귀속)하다.
O : 민간이 운영하다.	L : 국가에 빌려주고 임대료를 받다.

(2) 프로젝트금융(Project Financing)

① 의의 : 사업주 담보(×), 사업 담보(○)

② 구 조

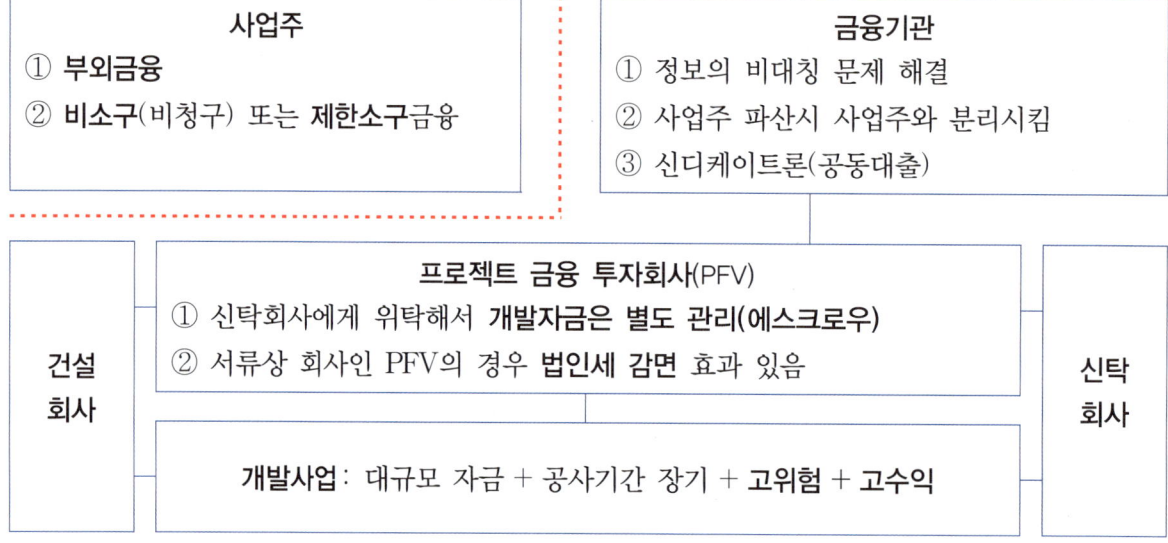

(3) 지분금융과 부채금융

총투자 100억원		
부채금융 80억원 (빌린 돈 - 이자 지급)	메자닌금융 (후배전신에 매달린 증권)	지분금융 20억원 (투자유치 - 배당금 지급)
• 유동화증권(ABS, MBS) • 각종 채권 • 신탁증서금융, 저당금융 • 기업어음	① 후순위채권 ② 배당우선주 ③ 전환사채 ④ 신주인수권부사채	• 투자(회사, 신탁, 펀드) • 공동투자 (신디 - 조 - 컨네) • 신주발행(보통주), 증자

71 민간투자사업방식 등에 관한 설명으로 옳은 것은?

① 민관합동개발: 제 1섹터 개발이라고도 하며, 민간이 자본과 기술을 제공하고 공공기관이 인·허가 등 행정적인 부분을 담당하는 상호 보완적인 개발을 말한다.
② BOT: 사업시행자가 시설을 준공하여 소유권을 보유하면서 시설의 수익을 가진 후 일정 기간 경과 후 시설소유권을 국가 또는 지방자치단체에 귀속시키는 방식이다.
③ BTL: 시설의 준공과 함께 시설의 소유권이 국가 또는 지방자치단체에 귀속되지만, 사업시행자가 정해진 기간 동안 시설에 대한 운영권을 가지고 수익을 내는 방식이다.
④ BOO: 사업시행자가 시설을 준공하여 소유권을 보유하면서 국가나 지방자치단체에 임대하여 수익을 낸 후 일정 기간 경과 후 시설소유권을 국가 또는 지방자치단체에 귀속시키는 방식이다.
⑤ BTO: 사업시행자가 시설의 준공과 함께 소유권을 국가 또는 지방자치단체로 이전하고, 해당 시설을 국가나 지방자치단체에 임대하여 수익을 내는 방식이다.

72 프로젝트금융에 관한 설명으로 옳은 것은?

① 채권자는 사업주의 개인자산에 대해 채권의 변제를 청구할 수 있다.
② 사업주의 입장에서는 비소구금융 및 부외금융효과가 있다.
③ 실체가 없는 서류상 회사인 프로젝트금융투자회사(PFV)는 법인세를 감면받을 수 없다.
④ 사업주의 신용과 자산을 담보로 필요한 자금을 융통하는 방식이다.
⑤ 개발사업의 현금흐름을 통제하기 위해서 대출자는 개발자금을 직접 관리한다.

73 지분금융, 부채금융, 메자닌금융으로 구분하는 경우 부채금융에 해당되는 것은 모두 몇 개인가?

㉠ 유동화증권(MBS)	㉡ 증자	㉢ 회사채(공모)
㉣ 신탁증서금융	㉤ 후순위대출	㉥ 전환우선주
㉦ 투자신탁	㉧ 주택상환채권	㉨ 신주(보통주)
㉩ 신주인수권부사채	㉪ 부동산신디케이트	㉫ 저당금융

① 2개　　② 3개　　③ 4개　　④ 5개　　⑤ 6개

예상문제 29번: 부동산투자회사		기출						
01	부동산투자회사 도입효과								
02	부동산투자회사법 핵심내용	26	27					33	34
03	부동산투자회사법 기타조문			29	30				35

부동산 투자회사	부동산투자회사 (TEL 533 – 7557)			4 자산관리회사
	1 자기관리	2 위탁관리	3 기업구조조정	
실체여부	• 실체 ○ • 전문인력 ○	• 상근 ×, 지사 ×, 4에 위탁 • 일정 요건 충족시 법인세 감면		1과 동일
설립자본금	5억원	3억원	3억원	—
최저자본금 — 6개월 —	70억원	50억원	50억원	70억원
현물출자	최저자본금 전 현물출자(×)			
주식관련	• 공모: 30% • 소유한도: 50%(절반소유)	특례 (적용배제: 완화) • 주식관련 • 자산구성(80%) • 처분제한 (기간, 나지)		
자산구성	• 70%: 부동산 • 80%: 부동산 + 현금 + 증권			
처분제한	• 보유기간 제한 • 나지상태 제한			

자산운용 전문인력	**감정평가사** 또는 **공인중개사**로서 해당 분야에 **5년** 이상 종사한 사람은 자기관리 부동산 투자회사의 상근 자산운용 **전문인력**이 될 수 있다.
차 입	차입이 가능하며, 2배 또는 10배(주총의 특별결의)의 규정이 있음
배 당	이익배당한도의 90% 이상을 배당해야 한다. (이익준비금 적립 ×)
투자자문회사	최소자본금 10억원 + 등록

74 부동산투자회사법에 관한 설명으로 옳은 것은?

① 자기관리 부동산투자회사의 설립자본금은 50억원 이상이다.
② 영업인가를 받거나 등록을 한 날부터 6개월이 지난 위탁관리 부동산투자회사의 자본금은 50억원 이상이어야 한다.
③ 기업구조조정 부동산투자회사는 자산운용 전문인력을 포함한 임직원을 상근으로 두고 자산의 투자·운용을 직접 수행하는 회사를 말한다.
④ 자기관리 부동산투자회사와 기업구조조정 부동산투자회사는 자산운용 전문인력을 상근으로 두어야 한다.
⑤ 부동산투자회사는 설립자본금 이상을 갖추기 전에는 현물출자를 받는 방식으로 신주를 발행할 수 없다.

75 부동산투자회사법에 관한 설명으로 옳은 것은? 35회 적중(75%)

① 자기관리 부동산투자회사는 투자자산을 자산관리회사에 위탁하여야 하며, 자산관리회사의 경우 최저자본금 10억원 및 등록이 필요하다.
② 자기관리 부동산투자회사는 최저자본금준비기간이 끝난 후에는 매 분기 말 현재 총자산의 100분의 80 이상이 부동산(건축 중인 건축물 포함)이어야 한다.
③ 자산운용 전문인력으로 상근하는 공인중개사는 해당분야에 3년 이상 종사한 사람이어야 한다.
④ 부동산투자회사의 주주 1인과 그 특별관계자는 부동산투자회사가 발행한 주식 총수의 100분의 50을 초과하여 주식을 소유할 수 없다는 규정은 기업구조조정 부동산투자회사에는 적용되지 않는다.
⑤ 부동산투자회사는 자기자본의 10배까지 차입이 가능하며, 주주총회의 특별결의를 거치면 자기자본의 2배까지 차입이 가능하다.

참고 전문인력의 요건 35회 기출지문

- 부동산투자회사에서 3년을 근무한 사람(×)
- 부동산투자회사 등에 5년 이상 근무하고 그중 3년 이상을 해당업무에 종사한 경력이 있는 사람(○)

예상문제 30번: 부동산개발	기출						
01 부동산개발 개요	26	27	28	29		32	
02 부동산 개발위험							

(1) 부동산개발 개요

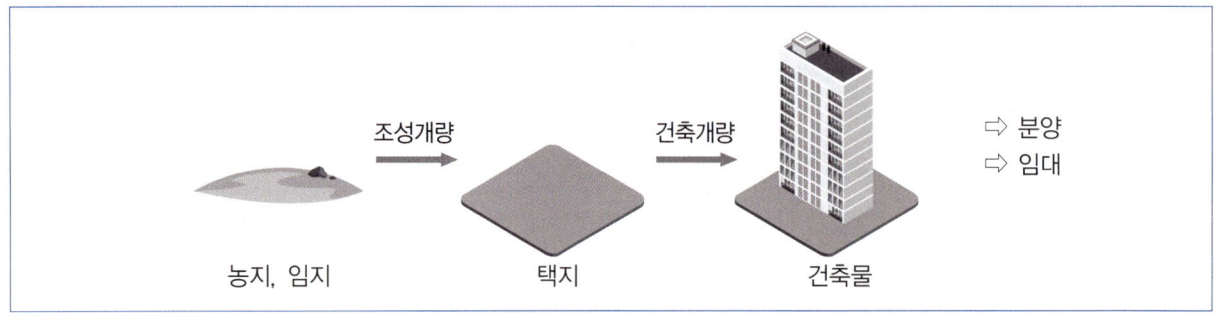

① **의의**: **시공**을 담당하는 행위는 **제외**된다.
② **절차**: 아예! 불타는 금요일은 건마와 함께
　　: 아이디어 ⇨ 예비타당성분석 ⇨ 부지모색 ⇨ 타당성분석 ⇨ 금융 ⇨ 건설 ⇨ 마케팅

(2) 부동산개발의 위험(워포드)

법적위험	공·사법상 위험	⇨	이용계획이 확정된 토지 매입
시장위험	수요감소 가능성	⇨	사전에 확실한 시장성검토
비용위험	개발비용증가 가능성	⇨	건설사와 최대가격보증계약 체결

(3) 아파트 개발의 긍정요소와 부정요소

부동산개발의 **긍정요소** (수입↑ 또는 비용↓)	부동산개발의 **부정요소** (수입↓ 또는 비용↑)
① 조합원 이주비용 감소	① 조합원 이주비용 증가
② 용적률 증가	② 용적률 감소
③ 대출금리 하락	③ 대출금리 상승
④ 공사비 하락	④ 공사비 증가
⑤ 건설자재 가격하락	⑤ 건설자재 가격상승
⑥ 기부채납 감소	⑥ 기부채납 증가
⑦ 공사기간 단축	⑦ 공사기간 연장
⑧ 분양가격 상승	⑧ 분양가격 하락
⑨ 분양률 상승	⑨ 분양률 저조(미분양 증가)
⑩ 조합원부담금 감소	⑩ 조합원부담금 증가

76 부동산 개발위험에 관한 설명으로 옳은 것은?

① 부동산개발이란 조성, 건축, 대수선, 리모델링, 용도변경 또는 설치되거나 될 예정인 부동산을 공급하는 것을 말하며, 이때 시공을 담당하는 행위도 포함한다.
② 토지이용의 집약도란 토지의 단위면적에 투입되는 노동과 자본의 양을 말하며, 도심에서 외곽으로 갈수록 커진다.
③ 도시의 성장과 개발이 정부의 계획대로 질서 있게 확산되는 현상을 도시스프롤현상이라고 한다.
④ 부실공사 가능성은 시행사 또는 시공사가 스스로 관리할 수 없는 위험에 해당한다.
⑤ 법적위험을 최소화하기 위해서 시행사는 이미 이용계획이 확정된 토지를 매입하는 것이 필요하다.

77 부동산개발의 긍정요소에 해당되는 것은 모두 몇 개인가?

㉠ 조합원 이주비용 감소	㉥ 기부채납 감소
㉡ 용적률 감소	㉦ 공사기간 연장
㉢ 대출금리 상승	㉧ 분양가격 상승
㉣ 공사비 하락	㉨ 분양률 상승
㉤ 건설자재 가격하락	㉩ 조합원부담금 증가

① 3개　　② 4개　　③ 5개　　④ 6개　　⑤ 7개

예상문제 31번: 부동산개발	기출						
01 부동산분석(타당성분석 과정)	27	28	29		31	32		
02 입지계수 계산문제	27			30		32		34	

(1) 부동산분석(타당성분석의 과정)

2단계 과정	5단계 과정 (지시성타투)		
시장분석 (채택가능성평가)	지역경제 분석	① 고소인(고용, 소득, 인구) 분석 = 거시분석 ② 입지계수를 이용한 경제기반분석 ⇨ **도시결정**
	시장분석	① 시장세분화 + 수요와 공급분석 ⇨ **목표시장 결정** ② 지역이나 용도 또는 유형에 따른 구체적 분석
	시장성분석	① 흡수율분석 ⇨ 매매(임대)가능성 판단 ② 가장 '경쟁력' 있는 상품 결정 ⇨ **'양 + 질 + 가격' 결정**
경제성분석 (수익성평가)	타당성분석	수익성분석, 순현가법(DCF), 민감도분석
	투자분석	가장 적합한 개발안 최종결정

① **시장성분석**은 현재 또는 미래의 시장상황에서의 **매매나 임대가능성을 분석**하는 작업이다.
② **흡수율분석**은 시장에 공급된 부동산이 시장에서 일정기간 동안 소비되는 비율을 조사하여 해당 부동산 시장의 추세를 파악하는 것이다. (미래예측이 목적)

(2) **입지계수**: 울산지역에서 자동차산업의 입지계수 구하기

$$입지계수 = \frac{울산비중}{전국비중} = \frac{울산\frac{자동차(\ 2명)}{전산업(\ 10명)} = 20\%}{전국\frac{자동차(\ 10명)}{전산업(100명)} = 10\%} = 2.0$$

① 입지계수가 1보다 큰 산업이라는 것은 해당산업이 그 지역에서 수출산업, 지역기반산업, 특화산업임을 뜻한다.
② 점유율 계산을 미리 해 놓고 전국점유율과 지역의 점유율을 비교한다.

구 분	A지역	B지역	전 국
부동산	100	400	500
기 타	200	200	400
전 체	300	600	900

점유율 전환	A지역	B지역	전 국
부동산	33.3%	66.6%	55.5%
기 타	66.6%	33.3%	44.4%
전 체	100%	100%	100%

78 부동산개발에 관한 설명으로 옳은 것은?

① 부동산분석은 일반적으로 시장분석 ⇨ 시장성분석 ⇨ 지역경제분석 ⇨ 타당성분석 ⇨ 투자분석의 과정을 거친다.
② 흡수율분석은 부동산시장의 추세를 파악하는 데 도움을 주는 것으로, 과거의 추세를 분석해서 미래를 예측하는 것이 주된 목적이다.
③ 타당성분석은 개발된 부동산이 현재나 미래의 시장상황에서 매매·임대될 수 있는 가능성 정도를 조사하는 것을 말한다.
④ 타당성분석에 활용된 투입요소의 변화가 그 결과치에 어떠한 영향을 주는가를 분석하는 기법을 흡수율분석이라고 한다.
⑤ 개발사업에 대한 타당성분석 결과가 개발업자에 따라 달라져서는 안 된다.

79 X와 Y지역의 산업별 고용자수가 다음과 같을 때, X지역의 입지계수(LQ)에 따른 기반산업의 개수와, X지역 D산업의 입지계수는? (단, 주어진 조건에 한함)

구 분	X지역	Y지역	전지역
A산업	30	50	80
B산업	50	40	90
C산업	60	50	110
D산업	100	20	120
E산업	80	60	140
전산업 고용자수	320	220	540

① 1개, 1.2   ② 1개, 1.4   ③ 2개, 0.8
④ 2개, 1.4   ⑤ 3개, 1.2

예상문제 32번: 개발방식	기출							
01 민간개발방식	26	27		29	30			35
02 개발법과 정비법	26	27			30	31		35²

(1) **민간개발방식**

자체사업	지주공동사업	신탁 (관개처분담)	컨소시엄
┌ 고위험 ├ 고수익 └ 빠른 진행	┌ 공사비대물변제방식 ├ 공사비분양금정산 ├ 투자자모집방식(조합) └ 사업위탁(수탁)방식	┌ **관**리신탁 ├ **개**발신탁 ├ **처**분신탁 ├ **분**양관리신탁 └ **담**보신탁 　(신탁증서금융)	공동투자

📂 토지신탁개발방식

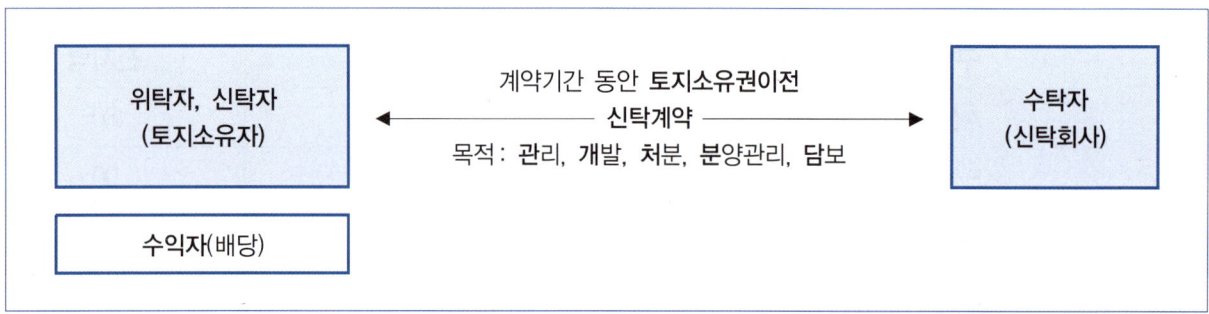

① 법적권리와 법적의무는 수탁자가 가진다.
② 수탁자는 신탁목적대로 수익자를 위해 신탁재산의 권리를 행사해야 한다.
③ 신탁재산은 위탁자의 재산 및 수탁자의 재산 모두로부터 각각 독립되어 있다.

(2) **공적개발방식: 신개발과 재개발**

신개발 (개발사업)	수용방식 (환수, 속도)	혼용방식 (비용부담)	환지방식
	원형지 + 조성토지	일부환지 + 일부수용	환지 + 보류지
재개발 (정비사업)	**극단주거**	**상열개발**	**공양건축**
	• 극히열악 / 단독주택 • 주거환경개선사업 • 반수 - 환관	• 상업지역 / 열악 • 재개발사업 • 환관	• 공동주택 / 양호 • 재건축사업 • 관

80 민간의 토지개발방식에 관한 설명으로 옳은 것은? 35회 적중(100%)

① 부동산신탁에 있어서 당사자는 부동산 소유자인 위탁자와 부동산 신탁회사인 신탁자 및 신탁재산의 수익권을 배당 받는 수익자로 구성되어 있다.
② 토지개발신탁은 상가 등 건축물 분양의 투명성과 안정성을 확보하기 위하여 신탁회사에게 사업부지의 신탁과 분양에 따른 자금관리업무를 부담시키는 것이다.
③ 관리신탁은 처분방법이나 절차가 까다로운 부동산에 대한 처분업무 및 처분완료시까지의 관리업무를 신탁회사가 수행하는 것이다.
④ 개발사업의 방식 중 사업위탁방식과 신탁개발방식의 공통점은 토지소유자가 개발사업의 전문성이 있는 제3자에게 토지소유권을 이전하고 사업을 위탁하는 점이다.
⑤ 저당권설정방식은 담보신탁방식보다 소요되는 경비가 많고, 채무불이행시 부동산 처분 절차가 복잡하다.

81 부동산개발 사업방식에 관한 설명으로 옳은 것은? 35회 적중(100%)

① 공사비대물변제방식은 토지소유자는 토지를 제공하고 개발업자는 건물을 건축한 후 분양하고 분양수입금을 기여도에 따라 배분하는 방식이다.
② 정비사업의 종류에는 주거환경개선사업, 재개발사업, 재건축사업, 공공주거환경개선사업, 공공재개발사업, 공공재건축사업이 있다.
③ 환지방식으로 개발된 토지 중 토지소유자에게 재분배하는 토지를 보류지라고 한다.
④ 개발의 속도와 개발이익의 환수라는 측면에서 환지방식이 수용방식보다 유리하고, 사업비부담의 측면과 매각부담의 측면에서는 수용방식이 환지방식보다 유리하다.
⑤ 도시저소득 주민이 집단거주하는 지역으로서 정비기반시설이 극히 열악하고 노후·불량건축물이 과도하게 밀집한 지역의 주거환경을 개선하기 위한 사업을 주거환경개선사업이라고 한다.

예상문제 33번 : 부동산관리	기출								
01	부동산관리의 구분	26	27			30			33	34	35
02	부동산관리자의 업무영역	26				30	31			34	35
03	빌딩의 수명현상										

(1) **부동산관리의 구분** : 자재씨

1. **자산관리** : 포트폴리오, 투자리스크, 매입과 매각, 리모델링

A부동산	B부동산	C부동산

2. **재산관리** : 임대차 ⇨ 임대료 수집 ⇨ 부동산 유지 ⇨ 보험 ⇨ 보고
3. **시설관리** : 설비관리, 외주관리, 에너지관리

복합개념	법률(제도)	권리분석, 계약, 예약
	기술(물리·기능)	위생, 설비, 보안(보험 포함), 보전, 토지 **경계측량**
	경제(경영)	수지관리, 손익분기점관리, 회계관리, **인력관리**

관리방식	직접관리	단점 : 관리의 **안일화**, 불필요한 비용지출, 인건비 지출
	위탁(전문)관리	단점 : **종합적 관리, 기밀유지**
	혼합관리	단점 : 전문가의 불충분한 활용, **책임소재 불분명**

(2) **부동산관리자의 업무내용과 임대차활동의 내용**

임대차 활동	임대료 수집활동	부동산 유지활동			보험활동			보고 활동
		일상	예방 (사전)	대응	손해보험 (화재)	책임보험 (인명)	임대료손실보험 (수리기간 손실)	

임대차	임차자 선정기준	임대차계약 유형
주거용	연대성	조임대차
매장용	가능매상고	비율임대차 = 기본임대료 + **추가임대료** 손익분기점 초과매출액 × 일정비율

(3) **빌딩의 수명현상** (전신안노완)

전개발단계 ⇨ 신축단계 ⇨ <u>안정단계(관리가 필요)</u> ⇨ 노후화단계 ⇨ 완전폐물단계
개조하고 수선하기에 가장 효과적인 단계(수명연장)

82 부동산관리에 관한 설명으로 옳은 것은? 35회 적중(100%)

① 자산관리자의 중요한 업무내용으로는 포트폴리오관리, 재투자여부 결정, 외주관리, 에너지관리 등이 있다. 감평 36회
② 재산관리란 각종 부동산시설을 운영하고 유지하는 것으로 시설사용자나 건물주의 요구에 단순히 부응하는 정도의 소극적이고 기술적인 측면의 관리를 말한다.
③ 위탁관리의 장점은 전문적인 관리와 인건비 절감이고, 단점은 기밀유지의 어려움과 종합적 관리의 어려움 등이다.
④ 토지의 경계측량은 법률적 관리이고, 부동산의 운영에 필요한 인력관리는 기술적 관리이다.
⑤ 건물의 이용에 의한 마멸, 파손, 노후화, 우발적 사고 등으로 사용이 불가능할 때까지의 기간을 기능적 내용연수라고 한다.

83 부동산관리에 관한 설명으로 옳은 것은?

① 순임대차는 일반적으로 기본임대료에 추가임대료를 더하여 임대료를 산정한다.
② 주거용 부동산의 임대차 계약방식은 비율임대차가 일반적이다.
③ 화재로 인한 교체공사 기간 중 발생하는 임대료 손실에 대해 보상을 받기 위해서는 책임보험에 가입해야 한다.
④ 대응적 유지활동은 시설을 교환하고 수리하는 사전적 유지활동을 의미한다.
⑤ 건물의 수명현상은 전개발단계, 신축단계, 안정단계, 노후화단계, 완전폐물단계로 구성되며, 건물의 관리는 안정단계의 기간을 연장시키는 것이 주목적이다.

84 분양면적 300m²인 매장용 부동산의 예상임대료는? (단, 비율임대차방식 적용) 35회 적중(20%)

- 예상매출액 : 분양면적 m²당 500,000원
- 기본임대료 : 분양면적 m²당 4만원
- 손익분기점 매출액 : 1억원
- 손익분기점 매출액 초과 매출액에 대한 추가임대료율 : 20%

① 1,200만원　　② 1,500만원　　③ 2,200만원
④ 2,500만원　　⑤ 3,000만원

예상문제 34번: 부동산마케팅		기출						
01	부동산마케팅 개요	26				32	33	34
02	세표차의 구분	26	28					
03	제판가유의 구분		27	28		31	32		35

(1) **부동산마케팅 전략 개요**: market + ing ⇨ 시장에서 진행되는 모든 것

시장점유 (공급자)	STP 전략 (세표차)			4P Mix 전략 (제판가유)			
	세분화	표적시장	차별화	제품	판촉	가격	유통
고객점유 (수요자)	• 구매의사 결정과정(AIDA의 원리: 너는 고객도 아이다)						
	Attention		Interesting		Desire		Action
	A(주목)		I(흥미)		D(욕망)		A(행동)
	D단계에서 셀링포인트(selling point) 강조						
관계유지	지속적 관계유지(○) + 일회성(×) + 브랜드마케팅 + CRM						

(2) **STP 전략의 구분** - 세표차

시장세분화 (Segmentation)	전체 **수요자**를 유사한 소비패턴을 가지는 수요자로 **구분, 분할**			
	단독주택시장	아파트시장	원룸시장	토지시장
표적시장선정 (Target)	㉠ 세분화된 시장에서 가장 매력적인 시장(또는 틈새시장)을 ㉡ 선정, 선택하는 작업: 아파트시장을 표적시장으로 선택			
시장차별화 (Positioning)	㉠ 자사제품을 경쟁사의 제품과 **차별화**시키는 방법을 연구 ㉡ 자사제품의 **이미지**를 고객마음에 어떻게 **위치**시킬까? (포지션 차별화)			

(3) **마케팅 믹스**(4P 믹스) - 제판가유

제품(Product)	실개천 설치 + 설계 + 홈 오토매틱 + 보안설비의 디지털화
판촉(Promotion)	┌ 시장의 수요자들을 강하게 자극하고 유인하는 전략 └ **판매유인(경품)** + 직접적인 인적 판매 등
가격(Price)	고가정책(스키밍) / 저가정책(침투) / **시가**정책(동일하게) Vs 단일가격정책 / **신축**가격정책(적응가격) ⇨ **다르게**
유통(Place)	┌ 제품이 소비자에게 원활하게 전달될 수 있도록 하는 작업 └ **중개업소**, 분양대행사 등 활용

85 부동산마케팅의 세 가지 전략에 관한 설명으로 옳은 것은?

① 시장세분화 전략은 부동산시장에서 마케팅활동을 수행하기 위하여 경쟁하고 있는 공급자의 집단을 세분하는 것이다.
② 프로모우션(promotion)은 목표시장에서 고객의 욕구를 파악하여 경쟁 제품과 차별성을 가지도록 제품 개념을 정하고 소비자의 지각 속에 적절히 위치시키는 것이다.
③ 고객점유마케팅 전략에서는 공급자와 소비자의 관계를 일회적이 아닌 지속적인 관계로 유지하려 한다.
④ 4P mix 전략은 시장세분화(segmentation), 표적시장 선정(targeting), 포지셔닝(positioning)으로 구성된다.
⑤ 고객점유마케팅의 핵심요소인 AIDA의 원리는 주의(attention), 관심(interest), 욕망(desire), 행동(action)의 단계가 있다. 감평 36회

86 부동산 마케팅 믹스 전략에 관한 설명으로 옳은 것은? 35회 적중(100%)

① 마케팅 믹스는 유통경로(Place), 판매촉진(Promotion), 가격(Price)의 세 가지 요소로 구성된다.
② 마케팅 믹스란 광고효과를 극대화하기 위해 신문광고, 팜플렛광고 등의 광고매체를 조합하는 것을 말한다.
③ 마케팅믹스의 가격관리에서 신축가격(적응가격)정책은 위치, 방위, 층, 지역 등에 따라 각기 다른 가격으로 판매하는 정책이다.
④ 부동산중개업소를 적극적으로 활용하는 전략은 판매촉진(Promotion)전략에 해당된다.
⑤ 체크포인트(check-point)는 상품으로서 부동산이 지니는 여러 특징 중 구매자(고객)의 욕망을 만족시켜 주는 특징을 말한다.

예상문제 35번 : 감칙(1)		기출							
01	감정평가 개요								
02	용어의 정의	26	27	28	29	30	31	32	34²

(1) **가격과 가치의 구분**(추현주다) :

가치(value)	추상적	현재값	주관적	다양

(2) **감정평가에 관한 규칙 제2조**

01. **시장가치**란 통상적인 시장에서 ~~ 성립될 가능성이 가장 높다고 인정되는 가액

04. **가치형성요인**이란 대상물건의 경제적 가치에 영향을 미치는 일반요인, 지역요인 및 개별요인 등을 말한다. (형일찌개, 경일찌개)

05. **원가법**이란 대상물건의 재조달원가에 감가수정을 하여 대상물건의 가액을 산정~

06. **적산법**이란 대상물건의 기초가액에 기대이율을 곱하여 ~ 필요한 경비를 더하여 대상물건의 임대료를 산정~ (적산기기필임)

07. **거래사례비교법**이란 거래사례와 비교하여 사정보정, 시점수정, 가치형성요인 비교 등의 과정을 거쳐 대상물건의 가액을 산정하는 감정평가방법을 말한다.

08. **임대사례비교법**이란 ~ 임대사례와 비교하여 대상물건의 현황에 맞게 사정보정 ~~

09. **공시지가기준법**이란 비교표준지의 공시지가를 기준으로 대상토지의 현황에 맞게 시점수정, 지역요인 및 개별요인 비교, 그 밖의 요인의 보정을 거쳐 대상토지의 가액~

10. **수익환원법**이란 대상물건이 장래 산출할 것으로 기대되는 순수익이나 미래의 현금흐름을 환원하거나 할인하여 대상물건의 가액을 산정하는 감정평가방법을 말한다.

11. **수익분석법**이란 대상물건의 임대료를 산정하는 감정평가방법을 말한다.

12. **감가수정**이란 물리적, 기능적, 경제적 감가액을 재조달원가에서 공제하여 ~

12-2. **적정한 실거래가**란 신고된 실제 거래가격으로서 거래 시점이 도시지역은 3년 이내, 그 밖의 지역은 5년 이내인 거래가격 중에서 감정평가법인등이 적정하다고 판단~

13. **인근지역**이란 감정평가의 대상부동산이 속한 지역으로서 부동산의 이용이 동질적이고 가치형성요인 중 지역요인을 공유하는 지역을 말한다.

15. **동일수급권**이란 대상부동산과 대체·경쟁 관계가 성립하는 다른 부동산이 존재하는 권역을 말하며, 인근지역과 유사지역을 포함한다.

87 감정평가 3방식에 관한 설명으로 옳은 것은?

① 적산법이란 대상물건의 기초가액에 기대이율을 곱하여 산정된 기대수익에 필요한 경비를 더하여 대상물건의 임대료를 산정하는 방법을 말한다.
② 원가법이란 대상물건의 건축공사비에 감가수정을 하여 대상물건의 가액을 산정하는 감정평가방법을 말한다.
③ 감가수정이란 재조달원가를 감액하여야 할 요인이 있는 경우에 물리적 감가, 기능적 감가 또는 경제적 감가 등을 고려하여 그에 해당하는 금액을 재조달원가에서 가산하여 기준시점에 있어서의 대상물건의 가액을 적정화하는 작업을 말한다.
④ 공시지가기준법이란 표준지공시지가를 기준으로 사정보정, 시점수정, 지역요인 및 개별요인 비교, 그 밖의 요인의 보정을 거쳐 대상토지의 가액을 산정하는 감정평가방법을 말한다.
⑤ 수익분석법이란 대상물건이 현재 산출하고 있는 순수익이나 현재의 현금흐름을 환원하거나 할인하여 대상물건의 가액을 산정하는 방법이다.

88 감정평가규칙에 관한 설명으로 옳은 것은?

① 시장가치란 대상물건이 일반적인 시장에서 충분한 기간 동안 공개된 후 그 대상물건의 내용에 정통한 당사자 사이에 자발적인 거래가 있을 경우 성립될 가능성이 가장 높다고 인정되는 평균가액을 말한다.
② 적정한 실거래가란 '부동산 거래신고 등에 관한 법률'에 따라 신고된 실제 거래가격으로서 거래시점이 도시지역은 3년 이내, 그 밖의 지역은 5년 이내인 거래가격이어야 한다. 감평 36회
③ 시장성의 원리에 기초한 감정평가방식은 거래사례비교법과 임대사례비교법 및 공시지가기준법을 말한다.
④ 동일수급권은 감정평가의 대상이 된 부동산이 속한 지역으로서 부동산의 이용이 동질적이고 가치형성요인 중 지역요인을 공유하는 지역을 말한다.
⑤ 가치발생요인이란 대상물건의 경제적 가치에 영향을 미치는 일반요인, 지역요인 및 개별요인 등을 말한다.

예상문제 36번 : 감칙(2)	기출						
01 원칙과 절차		27		30		33[2]	35
02 물건별 감정평가	26		28		31		34 35

(1) **감칙평가의 원칙과 예외**(법령상 기준 : 법적인 구속력을 가지는 용어)

① **현황기준 원칙**: 기준시점에서의 대상물건의 이용상황(불법적이거나 일시적인 이용 제외) 및 공법상 제한을 받는 상태를 기준으로 한다.

② **원칙**: 감정평가는 대상물건마다 개별로 하여야 한다.
  예외: 일괄평가, 구분평가, 부분평가

둘 이상 – 일괄하여	가치를 달리 – 구분하여	일부분 – 그 부분
건물 / 토지	1필지 / 상업지역 / 주거지역	도로

(2) **감정평가의 절차** : 기계학자형 방가 ~

기본 계획	기준시점은 대상물건의 **가격조사를 완료한 날짜**로 한다. 예외: 가격조사가 가능하면 다른 날짜로 할 수 있다.				
확 인	실지조사를 하여 대상물건을 확인하여야 한다: 예외) 생략 가능				
자 료	확인자료 + 요인자료 + 사례자료 + 참고자료				
형 성	일반요인 + 지역요인 + 개별요인 (형일찌개)				
방 법	가 액	원가법	수익환원법	거래사례비교법	공시지가기준법
	임 료	적산법	수익분석법	임대사례비교법	
가 액	① **물건별 주방식** 적용 주방식: 공시지가기준법 – 토지 / 거래사례비교법 – 입목, 과수원, 자동차 / 원가법 – 건물, 건설기계, 항공기 / 수익환원법 – 무형자산, 권리, 광업재단 ┌ 산림: 구분평가 ├ 공장재단: 개별 합산 └ 임료: 임대사례비교법 ② **시산가액 조정**: 건물평가의 경우 ┌ 적산가액 10억원 (시산가액) ├ 비준가액 12억원 (시산가액) ─ 조정 ⇨ 최종가액 11억원 결정 └ 수익가액 14억원 (시산가액) (산술평균 ×, 가중평균 ○)				

89 감정평가규칙에 관한 설명으로 옳은 것은? 35회 적중(50%)

① 기준시점이란 감정평가액을 결정하는 기준이 되는 날짜이며, 기준시점은 가격조사를 완료한 날짜 또는 감정평가를 완료한 날짜로 한다.
② 기준가치란 감정평가의 기준이 되는 가치를 말하며, 감정평가의 기준가치는 평가의뢰인이 요구하는 가격이다.
③ 일체로 이용되고 있는 대상물건의 일부분에 대하여 감정평가하여야 할 특수한 목적이나 합리적인 이유가 있는 경우에는 그 부분만 감정평가할 수 있다.
④ 감정평가는 평가시점에서의 대상물건의 이용상황 및 공법상 제한을 받는 상태를 기준으로 하며, 불법적인 이용이나 일시적인 이용은 이를 고려하지 않는다.
⑤ 시산가액은 감정평가 3방식에 의하여 도출된 각각의 가액이며 이를 조정하는 경우 각각의 가격을 산술평균하여야 한다.

90 물건별 감정평가에 관한 설명으로 옳은 것은? 35회 적중(100%)

① 시산가액 조정시, 공시지가기준법과 그 밖의 비교방식에 속한 감정평가방법은 동일한 감정평가방식으로 본다. 감평 36회
② 감정평가법인등은 토지와 건물을 일괄하여 감정평가할 때에는 수익환원법을 적용하여야 한다.
③ 토지, 과수원, 임대료, 자동차의 주된 감정평가방법은 동일하다.
④ 감정평가법인등은 산림을 감정평가할 때에 산지와 입목(立木)을 구분하여 감정평가해야 한다. 이 경우 입목은 거래사례비교법을 적용한다.
⑤ 감정평가법인등은 광업재단을 감정평가할 때에는 재단을 구성하는 개별 물건의 감정평가액을 합산하여 감정평가해야 한다.

예상문제 37번 : 가격제원칙과 지역분석		기출						
01	가격제원칙	26		28				
02	지역분석과 개별분석		27	28	29	30	32	34

(1) **가격제원칙**(매뉴얼)

01	균형(대문 안)	내부구성요소 + 설계와 설비 + 건물과 부지 + 기능적 감가
02	적합(대문 밖)	외부 + 환경 + 다른 부동산 + 경제적 감가
03	변동	가치형성요인 변동 ⇨ 부동산가격 변동 ⇨ 기준시점 확정
04	대체	부동산은 대체가능 ⇨ 유사부동산은 비슷한 가격 ⇨ 간접법
05	예측	부동산가치는 장래편익의 현재가치 ⇨ 예측 ⇨ 수익방식
06	기여	추가투자 판단 + 기여가치 합(○), 생산비의 합(×)
07	기회비용	차선책(기회비용)의 가격반영 + 도심공업지가 외곽보다 비쌈
08	수요공급	부동산가격은 시장에서 수요와 공급에 의해 결정
09	경쟁	수요자 및 공급자 상호간 경쟁발생 ⇨ 초과이윤 소멸
10	외부성	부동산에는 외부효과 발생
11	수익체증체감	추가투자 판단 + 수익은 체증하다가 체감
12	수익배분	토지잔여법 + 수익분석법
13	최유효이용	합리성 + 합법성 + 물리적 채택 가능성 + 최대의 생산성

(2) **지역분석과 개별분석** : 표적수 경부선

지역분석(거시분석) 분석대상 - 인근지역, 유사지역, 동일수급권	개별분석(미시분석) 분석대상 - 대상부동산
표준적이용 판정(주변부동산의 일반적인 이용상황)	최유효이용 판정
적합의 원칙(주변과 대상부동산의 어울림 판단)	균형의 원칙
수준 판정(지역 내 부동산의 가격수준의 판단)	구체적 가격 판정
경제적 감가(적합의 원칙에 위배되는 경우 발생)	기능적 감가
부동성(지역분석의 근거가 되는 토지의 특성)	개별성
선행분석(지역분석을 하고 그 다음 개별분석)	후행분석

91 가격제원칙에 관한 설명으로 옳은 것은?

① 기여의 원칙에 의하면 부동산의 가격은 부동산 구성요소의 생산비를 모두 합친 것과 같은 금액이며, 추가투자여부를 판단할 때 유용한 가격제원칙이다.
② 예측의 원칙은 부동산의 가치는 항상 변동의 과정에 있다는 원칙이다. 따라서 부동산을 감정평가하는 경우 항상 평가의 기준이 되는 기준시점의 확정이 필요하게 된다.
③ 균형의 원칙은 구성요소의 결합에 대한 내용으로, 균형을 이루지 못하는 과잉부분은 원가법을 적용할 때 기능적 감가로 처리한다.
④ 수요공급의 원칙은 추가투자를 판단하는 경우 유용한 가격제원칙이다.
⑤ 균형의 원칙은 대체성 있는 2개 이상의 재화가 존재할 때 그 재화의 가격은 서로 관련되어 이루어진다는 원칙으로 유용성이 동일할 때는 가장 가격이 싼 것을 선택하게 된다.

92 지역분석과 개별분석에 관한 설명으로 옳은 것은?

① 개별분석의 대상은 인근지역, 유사지역, 동일수급권이다.
② 지역분석은 미시적이고 구체적인 분석이다.
③ 지역분석의 목적은 대상부동산의 최유효이용을 판정하는 것이다.
④ 지역분석의 결과 적합의 원칙에 위배된 이용을 하는 부동산에는 경제적 감가가 발생한다.
⑤ 거래사례비교법에서 사례자료를 유사지역에서 구할 경우 지역요인의 비교과정은 필요하지 않다.

예상문제 38번: 원가방식과 수익방식	기출								
01 계산문제			원수	원	수	원	수	수	원	수
02 이론문제								원	원	원

(1) 원가법

```
                                      ┌ 내용연수법 ┬ 정액법: 10-10-10
                                      ├ 분해법    ├ 정률법: 12-10- 9
              (기준시점 신축공사비)    └ 관찰감가법 └ 상환기금법: 복리

  적산가액  =      재조달원가         −         감가수정

              ┌ 복제원가: 물리적 동일성      (물리적 감가, 기능적 감가, 경제적 감가)
              └ 대체원가: 동일한 효용
```

매년 감가액	감가수정액	적산가액
재조달원가: 100 잔가율: 10% 90 경제적 내용연수: 50년 = 1.8	× 경과연수 (5년) = 9	− 재조달원가 (100) = 91

(2) 수익환원법

수익가격				
100억		10억	순영업소득	수익가격 = 순영업소득 / 환원이율
부채	지분	10%	환원이율 (조시투엘부)	

조성법	환원이율 = 순수이율 + 위험률(요구수익률의 구성)
시장추출법	최근에 거래된 유사부동산에서 도출
투자결합법	토지환원율 × 토지가격구성비 + 건물환원율 × 건물가격구성비
엘우드법	① 지분투자자의 입장 ② 영업소득세는 고려하지 않는다.
부채감당법	① 저당투자자의 입장 ② 저당상수 × 부채감당률 × 대부비율

93. 원가법과 수익환원법에 대한 설명으로 옳은 것은? 35회 적중(50%)

① 재조달원가는 준공시점의 건축공사비를 의미한다.
② 재조달원가를 대체원가로 구하는 경우 기능적 감가는 하지 않는다.
③ 감가수정방법으로는 내용연수법, 관찰감가법, 분해법 등이 있으며, 분해법은 다시 정액법과 정률법 및 상환기금법으로 구분한다.
④ 정률법은 매년 감가액이 일정하다.
⑤ 수익가격 산정에 필요한 환원이율을 구하는 방법으로는 조성법, 시장추출법, 투자결합법, 상환기금법, 엘우드법이 있다.

94. 다음과 같이 조사된 건물의 기준시점 현재의 원가법에 의한 감정평가 가격은? (단, 감가수정은 정액법에 의함)

- 준공시점 : 2023년 1월 1일
- 기준시점 : 2025년 1월 1일
- 준공시점의 공사비(매년 공사비 상승률 20%)
  - 직접공사비 : 4억원
  - 간접공사비 : 6천만원
  - 개발업자의 적정이윤 : 4천만원
- 기준시점 현재 경제적 내용연수 : 50년
- 기준시점 현재 물리적 내용연수 : 60년
- 내용연수 만료시 잔존가치율 : 10%

① 642,500,000원
② 694,080,000원
③ 702,640,000원
④ 720,000,000원
⑤ 732,500,000원

95. 공작기계 1대를 취득원가 8,000,000원에 2년 전에 구입하였다. 현재 기준시점의 재조달원가는 10,000,000원이다. 원가법으로 평가한 현재 가액은? (단, 감가수정은 정률법을 적용하되, 연간 감가율은 0.2이며, 주어진 조건에 한함) 감평 36회

① 5,120,000원
② 6,400,000원
③ 7,500,000원
④ 8,000,000원
⑤ 10,000,000원

96 순영업소득이 연 60,000,000원인 대상부동산의 수익가치는? 35회 적중(100%)

(가)의 조건
- 부채서비스액: 연 15,000,000원
- 지분비율: 대부비율 = 80% : 20%
- 대출조건: 이자율 연 10%로 10년간 매년 원리금균등상환
- 저당상수(이자율 연 10%, 기간 10년): 0.16

(나)의 조건
- 토지가액: 건물가액 = 40% : 60%
- 토지환원이율: 3%
- 건물환원이율: 8%

	(가)의 조건	(나)의 조건
①	468,750,000원	1,000,000,000원
②	482,550,000원	980,000,000원
③	500,000,000원	600,000,000원
④	524,250,000원	500,000,000원
⑤	600,000,000원	468,750,000원

예상문제 39번: 비교방식		기출								
01	계산문제	공		거	거	공	거	공	거	공	거
02	이론문제										

(1) **공시지가기준법**

- 소재지 : A시 B구 C동 177, 제2종일반주거지역, 면적 200m²
- 기준시점 : 2024.10.26.

- **비교표준지** : A시 B구 C동 123, 제2종일반주거지역, 2024.1.1. 공시지가 **2,000,000원/m²**

- **지가변동률** : A시 B구 상업지역 4% 상승, 주거지역 **5% 상승**
- 지역요인 : 대상토지가 비교표준지의 인근지역에 위치하여 동일
- 개별요인 : 대상토지가 비교표준지에 비해 가로조건은 **5% 열세**, 환경조건은 **20% 우세**하고, 다른 조건은 동일

◆ 공시지가기준법에 의한 가액

$$= 2,000,000원/m^2 \times 1.05 \times 0.95 \times 1.2 = 2,394,000/m^2$$

(2) **거래사례비교법**

- 대상토지 : A시 B동 150번지, 토지 **120m²**, 제3종일반주거지역
- 기준시점 : 2024.10.26.

- 거래사례의 내역
  - 소재지 및 면적: A시 B동 123번지, 토지 **100m²**
  - 용도지역: 제3종일반주거지역
  - 거래사례가격: **3억원**(2024.1.1.)
  - 거래사례의 사정보정 요인은 없음

- **지가변동률** : A시 주거지역 **4% 상승**함
- 지역요인 : 대상토지는 거래사례의 인근지역에 위치함
- 개별요인 : 대상토지는 거래사례에 비해 **5% 열세**함

◆ 거래사례비교법에 의한 비준가액

$$= 3억원 \times \frac{120}{100} \times 1.04 \times 0.95 = 355,680,000원$$

97 다음 자료를 활용하여 공시지가기준법으로 산정한 대상토지의 단위면적당 시산가액은? (단, 주어진 조건에 한함)

- 대상토지 현황: A시 B구 C동 120번지, 일반상업지역, 상업용
- 기준시점: 2024.10.26.
- 표준지공시지가(A시 B구 C동, 2024.1.1. 기준)

	소재지	용도지역	이용상황	공시지가(원/m^2)
1	C동 110	준주거지역	상업용	6,000,000
2	C동 130	일반상업지역	상업용	8,000,000

- 지가변동률(A시 B구, 2024.1.1. ~ 2024.10.26.)
  - 주거지역: 3% 상승
  - 상업지역: 5% 상승
- 지역요인: 표준지와 대상토지는 인근지역에 위치하여 지역요인 동일함
- 개별요인: 대상토지는 표준지 기호 1에 비해 개별요인 10% 우세하고, 표준지 기호 2에 비해 개별요인 3% 열세함
- 그 밖의 요인 보정: 대상토지 인근지역의 가치형성 요인이 유사한 정상적인 거래사례 및 평가사례 등을 고려하여 그 밖의 요인으로 50% 증액 보정함
- 상승식으로 계산할 것

① 6,798,000원/m^2 ② 8,148,000원/m^2 ③ 10,197,000원/m^2
④ 12,222,000원/m^2 ⑤ 13,860,000원/m^2

⇨ 36회 대비: 표준지가 유사지역에 있는 경우 비교표준지가 속한 지역의 지가변동률을 적용하는 계산문제 대비

98 거래사례비교법으로 산정한 대상토지의 감정평가액은? 35회 적중(50%)

- 대상토지: A시 B구 C동 350번지, 180m²(면적), 대(지목), 주상용(이용상황), 제2종일반주거지역(용도지역)
- 기준시점: 2024.6.30.
- 거래사례의 내역(거래시점: 2024.1.1.)

	소재지(유사지역)	용도지역	토지면적	이용상황	거래가격
1	D동 110	제2종 일반주거지역	200m²	주거용	2억원
2	D동 130	일반상업지역	150m²	주상용	4억원

- 거래사례는 1과 2 모두 정상적인 가격보다 20% 저가로 거래됨(사정보정치 1.25)
- 지가변동률(2024.1.1. ~ 2024.6.30.): 1사분기 지가변동률은 4% 상승하고, 2사분기 지가변동률은 1% 하락함
- 지역요인: 인근지역이 유사지역보다 8% 우세함
- 개별요인: 대상토지는 거래사례에 비해 5% 열세함
- 상승식으로 계산할 것

① 237,683,160원 ② 242,392,500원 ③ 248,600,000원
④ 249,227,500원 ⑤ 250,000,000원

참고 35회

거래가액: 625,000,000원(가격구성비율은 토지 80%, 건물 20%임)인 경우 토지의 가격은 5억원을 적용한다.
(625,000,000 × 0.8 = 500,000,000)

예상문제 40번: 부동산 가격공시에 관한 법률	기출									
01 법률조문	26	27	28	29	30	31	32	33	34	35

토지	표준지공시지가 ── (토가비) ──→ 개별공시지가	~ 하여야 한다.
주택	단독주택: 표준주택가격 ─ (주가비) → 개별주택가격	
	공동주택: 장관이 전수조사(장관 + 세금)	
비주거용 부동산	일반부동산과 집합부동산으로 구분	~ 할 수 있다.

표준지, 표준주택 / 공동주택   개별토지, 개별주택

국토교통부장관   **시장·군수·구청장**

↓   ↓

전문가에게 의뢰(**공법주부**)
- 공시지가: 법인
- 주택: 부동산원

공무원이 산정

↓   ↓

평가3방식 적용(종합적으로 고려)
거래사례, 비용, 임대료

- 토지: 표준지공시지가 + 토지가격비준표
- 주택: 표준주택가격 + 주택가격비준표

↓   ↓

공동주택은 표와 개를 구분하지 않는다.
- 장관(○)
- 세금(○)
- 표준공동주택(×)
- 공동주택 중에서(×)

'개별'을 산정하지 않아도 되는 경우
- 표준지와 표준주택: 표를 개로 본다.
- 세금이나 부담금 안 내는 토지

토지에 분할이나 합병이 발생한 경우(주6일)
- 개별**토지**의 공시기준일: 1.1 또는 7.1
- 개별**주택**의 공시기준일: 1.1 또는 6.1

↓   ↓

- 개별가격산정의 기준(○)
- 토지 감정평가 기준(○)
- 국가 토지평가 기준(○)
- 세금(×)

세금, 사용료, 부담금 부과의 기준

99 부동산가격공시제도에 관한 설명으로 옳은 것은?

① 국토교통부장관이 표준주택가격을 조사·평가할 때에는 감정평가법인에 의뢰하여야 한다.
② 표준주택은 단독주택과 공동주택 중에서 각각 대표성 있는 주택을 선정한다.
③ 개별공시지가의 적정가격을 조사·평가하는 경우에는 인근 유사토지의 거래가격·임대료 및 당해 토지와 유사한 이용가치를 지닌다고 인정되는 토지의 조성에 필요한 비용추정액 등을 종합적으로 참작하여야 한다.
④ 표준지로 선정된 토지와 조세 또는 부담금 등의 부과대상인 토지 등에 대하여는 개별공시지가를 결정·공시하지 아니할 수 있다. 이 경우 표준지로 선정된 토지에 대하여는 해당 토지의 표준지공시지가를 개별공시지가로 본다.
⑤ 시장·군수·구청장은 공시기준일 이후에 분할·합병 등이 발생한 토지에 대하여는 개별공시지가는 1월 1일 또는 7월 1일을 공시기준일로 한다.

100 부동산가격공시제도에 관한 설명으로 옳은 것은? 35회 적중(100%)

① 개별공시지가를 산정할 때에는 그 타당성에 대하여 반드시 감정평가법인등의 검증을 받아야 한다.
② 국토교통부장관은 표준주택에 대하여 매년 공시기준일 현재 적정가격을 조사·산정하고, 시·군·구 부동산가격공시위원회의 심의를 거쳐 이를 공시하여야 한다.
③ 도시·군계획시설로서 공원으로 지정된 토지에 대해서는 개별공시지가를 결정·공시하지 아니할 수 있다.
④ 공동주택가격은 주택시장의 가격정보를 제공하고, 국가·지방자치단체 등이 과세 등의 업무와 관련하여 주택의 가격을 산정하는 경우에 그 기준으로 활용될 수 있다.
⑤ 개별주택가격과 공동주택가격에 이의가 있는 자는 그 공시일부터 30일 이내에 서면으로 시장·군수 또는 구청장에게 이의를 신청할 수 있다.

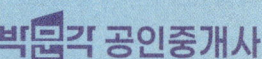

부록

동형모의고사 예습
(3회분)

본문의 문제를 하나로 모아
다시 한 번 학습할 수 있도록 하였습니다.

1회 동형모의고사 예습

01 부동산학에 관한 설명으로 옳은 것은?

① 민법 규정에 의하면 토지소유자는 법률의 범위 내에서 토지를 사용, 수익, 처분할 권리가 있고, 토지의 소유권은 토지소유자가 원하는 범위 내에서 토지의 상하에 미친다.
② 부동산학은 순수이론과학이다.
③ 부동산건설업과 부동산금융업은 한국표준산업분류상 부동산업에 해당되지 않지만, 부동산분양대행업은 부동산업에 해당된다.
④ 귀속권, 과세권, 수용권, 경찰권 등은 부동산소유권의 사적제한에 해당된다. 감평 36회
⑤ 부동산투자, 부동산금융, 부동산개발 등의 부동산 결정분야에서 강조되는 접근방법은 종합식 접근방법이다.

02 부동산의 복합개념에 관한 설명으로 옳은 것은? 35회 적중(상)

① 입목이란 토지에 부착된 수목의 집단으로서 그 소유자가 '입목에 관한 법률'에 따라 소유권보존등기를 받은 것을 말하며, 토지소유권 또는 지상권 처분의 효력이 미친다. 감평 36회
② 건물에 부착된 물건은 누가 어떤 목적으로 설치했는가와 상관없이 모두 부동산으로 본다.
③ 경제적 개념의 부동산은 부동산을 무형적 측면에서 접근하는 것이며, 부동산을 자산, 자본, 생산요소, 소비재, 상품 등으로 인식하는 것이다.
④ 민법상 부동산과 준부동산은 모두 부동산중개의 대상이 된다.
⑤ 토지와 건물이 각각 독립된 거래의 객체이면서도 마치 하나의 결합된 상태로 다루어져 부동산활동의 대상으로 인식될 때 이를 복합개념의 부동산이라고 한다.

03 토지의 정착물 중에서 독립정착물에 해당되지 않는 것은?

① 임차자 정착물 중 가사정착물
② 입목법에 근거해 등기한 수목의 집단
③ 권원을 갖춘 타인토지 농작물
④ 명인방법을 갖춘 수목의 집단
⑤ 단독주택

04 토지에 대한 용어설명 중 가장 옳은 것은? 35회 적중(50%)

① 법지는 활용실익이 떨어지는 경사토지를 말하며 법지에는 토지소유권이 인정되지 않는다.
② 토지에 건물이나 그 밖의 정착물이 없고 사법상의 권리가 설정되어 있지 아니한 토지를 나지라고 하며, 표준지공시지가의 평가는 나지상정평가를 한다. 35회
③ 해안선으로부터 지적공부에 등록된 지역까지의 사이의 토지를 포락지라고 한다.
④ 과수원지역과 주거지지역 상호간에 용도가 바뀌는 과정에 있는 지역의 토지를 이행지라고 한다.
⑤ 지적공부에 등록된 토지가 물에 침식되어 수면 밑으로 잠긴 토지를 빈지라고 한다.

05 다음 토지의 용어설명 중 옳은 것은?

① 자연의 유수(流水)가 있거나 있을 것으로 예상되는 소규모 수로부지를 하천이라고 한다.
② 부지란 일정한 용도로 제공되고 있는 바닥토지를 말하며, 하천, 도로 등의 바닥토지에 사용되는 포괄적 용어이다.
③ 필지 중 건물부분의 토지를 제외하고 남은 부분의 토지를 공한지라고 한다.
④ 유휴지는 지력회복을 위해 정상적으로 쉬게 하는 토지를 말한다.
⑤ 용도상 불가분의 관계에 있는 2필지 이상의 일단의 토지를 한계지라고 한다.

06 주택법상 주택의 유형에 관한 설명으로 옳은 것은? 35회 적중(상)

① 국가·지방자치단체의 재정 또는 주택도시기금으로부터 자금을 지원받아 건설하는 모든 주택은 국민주택에 해당된다.
② 세대구분형 공동주택은 주택 내부 공간의 일부를 세대별로 구분하여 생활이 가능한 구조이어야 하며, 그 구분된 공간의 일부를 구분소유 할 수 있다.
③ 다세대주택은 주택으로 쓰는 1개 동의 바닥면적의 합계가 660m² 이하이고, 층수가 4층 이하인 주택을 말한다.
④ 다가구주택은 주택으로 쓰는 1개 동의 바닥면적 합계가 660m² 이하인 공동주택이고, 주택으로 쓰는 층수가 3개 층 이하이어야 한다.
⑤ 도시형 생활주택은 300세대 미만의 국민주택규모에 해당하는 주택이며, 아파트형 주택, 단지형 연립주택, 단지형 다세대주택으로 구분한다.

07 토지의 특성과 그 파생현상의 연결이 옳은 것은 모두 몇 개인가? 35회 적중(100%)

㉠ 용도의 다양성으로 인해 용도적 공급량을 늘릴 수 있다.
㉡ 부증성으로 인해 토지의 물리적 공급곡선은 완전탄력적이다.
㉢ 영속성으로 인해 토지시장에서 물건 간 완전한 대체관계가 제약된다.
㉣ 개별성과 부증성은 토지시장을 불완전경쟁시장으로 만드는 요인이다.
㉤ 부동성으로 인해 감정평가시 지역분석이 필요하다.

① 1개　　② 2개　　③ 3개　　④ 4개　　⑤ 5개

08 토지의 특성과 그 특성으로부터 파생되는 부동산현상 또는 부동산활동을 연결한 것이다. 옳은 것으로만 연결된 것은?

	토지의 특성	파생현상		
①	부동성:	외부효과 발생	임장활동	감가상각 불필요
②	영속성:	국지적 시장	직접환원법	자본이득과 소득이득
③	개별성:	일물일가 불성립	거래비용 증가	불완전경쟁시장
④	부증성:	집약적 이용 촉진	용도적 공급 가능	시장 간 수급불균형
⑤	용도의 다양성:	지역분석	합병과 분할 지원	가치의 다원적 개념

09 주택시장에서의 수요의 변화와 수요량의 변화에 대한 설명으로 옳은 것은?

	수요의 변화	수요량의 변화
①	주택가격 하락	수요자의 실질소득 증가
②	주택가격 상승	주택가격 상승예상
③	생산요소비용 증가	주택가격 상승
④	주택담보 대출금리 인상	주택가격 하락
⑤	대출금리의 하락	주택가격 하락예상

10 아파트시장의 수요곡선을 우측으로 이동시키는 요인은 모두 몇 개인가?

㉠ 보완재 가격의 하락	㉡ 부동산가격 상승 예상
㉢ 저당대출 금리의 상승	㉣ 아파트 가격의 하락
㉤ 대체주택 가격의 하락	㉥ 총부채원리금상환비율(DSR) 상승

① 1개   ② 2개   ③ 3개   ④ 4개   ⑤ 5개

11 아파트시장에서 균형가격을 상승시키는 요인은 모두 몇 개인가? (단, 아파트는 정상재이며, 다른 조건은 동일함) 35회 적중(100%)

| ㉠ 건설노동자 임금 상승 | ㉡ 수요 측면에서 보완재 가격의 상승 |
| ㉢ 아파트건설용 토지가격의 상승 | ㉣ 대체주택에 대한 수요 증가 |

① 1개   ② 2개   ③ 3개   ④ 4개   ⑤ 5개

12 시장균형점의 이동에 관한 설명으로 옳은 것은? 35회 적중(100%)

① 수요가 증가하고 공급이 감소하면 균형가격은 알 수 없다.
② 수요증가와 공급증가가 동일하면 균형가격은 알 수가 없다.
③ 공급이 완전비탄력적인 경우 수요가 증가하면 균형가격은 변하지 않는다.
④ 수요와 공급이 동시에 증가하는 경우, 공급의 증가폭이 수요의 증가폭보다 크면, 균형가격은 하락하고 균형거래량은 증가한다.
⑤ 공급이 가격에 대해 완전비탄력적인 경우 수요가 증가하면 거래량은 증가한다.

13 주택시장에서의 수요함수는 $Q_D = 800 - 5P$이고 공급함수는 $Q_S = 500 + 10P$인 경우 균형가격과 정부가 임대료를 10으로 규제하는 경우 '시장상황'을 각각 구하면?

① 균형가격 10   초과수요 300
② 균형가격 10   초과수요 150
③ 균형가격 20   초과수요 150
④ 균형가격 20   아무효과 없음
⑤ 균형가격 15   초과공급 150

14 A지역의 기존 아파트 시장의 수요함수는 $Q_D = 40 - \frac{3}{5}P$, 공급함수는 $Q_S = 20 + \frac{2}{5}P$이었다. 이후 수요함수는 변하지 않고 공급함수가 $Q_S = 10 + \frac{2}{5}P$로 변하였다. 다음 설명으로 옳은 것은?

35회 적중(100%), 감평 36회

① 공급곡선이 우측으로 이동하였다.
② 균형가격은 상승하였다.
③ 균형거래량은 증가하였다.
④ 변경 전 균형가격은 30이다.
⑤ 변경 후 균형거래량은 28이다.

15 부동산 수요와 부동산 공급의 탄력성에 관한 설명으로 옳은 것은?

① 가격탄력도의 값이 0이라는 의미는 가격의 변동률이 전혀 없다는 의미이다.
② 주택의 대체재가 증가하면 주택수요의 가격탄력성은 커진다.
③ 주택의 공급기간 또는 생산시간이 길수록 공급의 가격탄력성은 커진다.
④ 부동산 수요의 가격탄력성은 용도에 따라 달라지며, 주거용 부동산이 공업용 부동산보다 더 비탄력적이다.
⑤ 토지이용규제가 엄격해지면 토지의 공급곡선의 기울기의 값은 작아진다.

16 부동산 수요와 부동산 공급의 탄력성에 관한 설명으로 옳은 것은?

① 공급의 가격탄력성이 수요의 가격탄력성보다 큰 경우 수요자보다 공급자의 세금부담이 더 크다.
② 세금부과시 시장에서의 경제적 순손실 또는 시장왜곡은 공급이 비탄력적일수록 커진다.
③ 임대주택 수요의 가격탄력성이 1보다 큰 경우 임대료가 하락하면 임대업자의 총수입은 증가한다.
④ 임대주택 수요의 가격탄력성이 1인 경우 임대주택의 임대료가 하락하면 임대업자의 총수입은 증가한다.
⑤ 부동산 수요가 증가하면, 부동산 공급곡선이 탄력적일수록 시장균형가격의 변화폭이 커진다.

17 수요의 가격탄력성과 공급의 가격탄력성이 각각 2.0인 경우, 가격이 10% 상승한다면 수요량의 변화율과 공급량의 변화율은 각각 얼마인가?

	수요량의 변화율	공급량의 변화율
①	10% 상승	10% 상승
②	10% 하락	10% 하락
③	20% 상승	20% 상승
④	20% 하락	20% 하락
⑤	20% 하락	20% 상승

18 아파트 매매가격이 16% 상승함에 따라 아파트부지의 매매수요량이 8% 감소하고 아파트 매매수요량이 4% 감소한 경우에, 아파트 매매수요의 가격탄력성, 아파트부지 매매수요의 교차탄력성, 아파트와 아파트부지의 관계는?

	가격탄력성	교차탄력성	관계
①	0.25	−0.5	보완재
②	0.25	0.25	대체재
③	0.25	0.5	대체재
④	0.5	0.25	대체재
⑤	0.5	0.5	보완재

19 아파트 매매시장에서 아파트의 가격탄력성 1.2, 소득탄력성 2.0, 단독주택가격에 대한 교차탄력성이 1.0이다. 아파트의 가격이 10% 상승하고, 단독주택가격이 5% 상승한 경우 아파트의 전체수요량은 변화가 없다면 소득의 변화율은 얼마인가? 35회 적중(100%)

① 2.0% 증가 ② 2.5% 증가
③ 3.5% 증가 ④ 3.5% 감소
⑤ 2.5% 감소

20 효율적 시장이론에 관한 설명으로 옳은 것은?

① 약성 효율적 시장에서는 기본적 분석으로 초과이윤을 얻을 수 없다.
② 부동산시장이 약성 효율적 시장이라면 새로운 정보는 공개되는 즉시 시장에 반영된다.
③ 강성 효율적 시장은 완전경쟁시장을 의미한다.
④ 부동산시장에서 특정 투자자는 우수한 정보를 통해 초과이윤을 획득할 수 있는데, 그 이유는 부동산시장이 불완전하기 때문이다.
⑤ 특정 투자자가 얻는 초과이윤이 이를 발생시키는 데 소요되는 정보비용과 같다면 그 시장은 불완전시장이라도 배분 효율적 시장이 될 수 있다.

21 A토지에 접하여 도시·군계획시설(도로)이 개설될 확률은 60%로 알려져 있고, 1년 후에 해당 도로가 개설되면 A토지의 가치는 2억 7,500만원, 그렇지 않으면 9,350만원으로 예상된다. 만약 부동산시장이 할당 효율적이라면 합리적인 투자자가 최대한 지불할 수 있는 정보비용의 현재가치는? (단, 요구수익률은 연 10%이고, 주어진 조건에 한함) 35회 적중(100%)

① 5,200만원   ② 5,600만원   ③ 6,200만원
④ 6,600만원   ⑤ 7,200만원

22 부동산 경기변동에 관한 설명으로 옳은 것은?

① 회복시장에서 직전국면 저점의 거래사례가격은 현재 시점에서 새로운 거래가격의 상한이 되는 경향이 있다.
② 부동산경기는 일반경기와 같이 일정한 주기와 동일한 진폭으로 규칙적이고 안정적으로 반복되며 순환된다.
③ 부동산 경기변동은 일반경기변동에 비해 저점이 얕고 정점이 높은 경향이 있다.
④ 상향시장면은 매수자의 숫자보다 매도자의 숫자가 더 적은 시장이며, 따라서 상향시장은 매도자 중시시장이 된다.
⑤ 총부채상환비율(DTI) 규제 강화 후 주택거래 건수 감소는 경기변동요인 중 추세변동요인에 속한다.

23 거미집모형에 관한 설명으로 옳은 것은? (단, 다른 조건은 동일함)

① 수요와 공급의 동시적 관계로 가정하여 균형의 변화를 정태적으로 분석한 모형이다.
② 부동산시장에서 부동산가격이 폭등한 상태가 그대로 유지되는 현상을 설명한다.
③ 수요의 가격탄력성이 공급의 가격탄력성보다 크면 발산형이다.
④ 가격이 변동하면 수요와 공급은 모두 즉각적으로 반응한다는 가정을 전제하고 있다.
⑤ 공급자는 현재의 가격에만 반응하고 미래상황을 예측하지 않는다는 것을 전제한다.

24 거미집이론에 따른 모형의 형태는? 감평 36회

A시장	수요함수: $3Q = 30 - 5P$
	공급함수: $5Q = 15 + 3P$
B시장	가격이 10% 상승하면 수요량이 5% 감소
	가격이 10% 상승하면 공급량은 8% 증가

	A시장	B시장
①	수렴	수렴
②	발산	발산
③	수렴	발산
④	발산	수렴
⑤	순환	발산

25 입지이론에 관한 설명으로 옳은 것은?

① 베버는 수요원추체의 개념을 이용하고, 뢰쉬는 등비용선의 개념을 이용한다.
② 베버: 원료지수가 1보다 큰 산업은 시장지향적 입지가 유리하다.
③ 크리스탈러: 최소요구치가 재화의 도달범위 내에 있어야 중심지가 성립한다.
④ 레일리: 상점의 유인력은 상점과의 거리의 제곱에 비례한다.
⑤ 컨버스: 상권의 경계지점 또는 분기점은 큰 도시에 가깝게 형성된다.

26 입지이론에 관한 설명으로 틀린 것은?

① 베버는 최소운송비 지점, 최소노동비 지점, 집적이익이 발생하는 구역을 종합적으로 고려해서 최소비용지점을 결정한다.
② 베버의 등비용선(isodapane)은 최소운송비 지점으로부터 기업이 입지를 바꿀 경우, 노무비의 증가분이 동일한 지점을 연결한 곡선을 의미한다.
③ 허프는 소비자가 특정 점포를 이용할 확률은 소비자와 점포와의 거리, 경쟁점포의 수와 면적에 의해서 결정된다고 보았다.
④ 허프모형에서 공간(거리)마찰계수는 시장의 교통조건과 쇼핑물건의 특성에 따라 달라지며, 편의품이 전문품보다 마찰계수의 값이 더 크다.
⑤ 넬슨은 특정 점포가 최대 이익을 얻을 수 있는 매출액을 확보하기 위해서는 어떤 장소에 입지하여야 하는지를 제시하였다.

27 레일리(W. Reilly)의 소매중력모형에 따라 C신도시의 소비자가 A도시와 B도시에서 소비하는 월 추정소비액은 각각 얼마인가? (단, C신도시의 인구는 모두 소비자이고, A, B도시에서만 소비하는 것으로 가정함)

- A도시 인구 : 50,000명, B도시 인구 : 32,000명
- C신도시 : A도시와 B도시 사이에 위치
- A도시와 C신도시 간의 거리 : 5km
- B도시와 C신도시 간의 거리 : 2km
- C신도시 소비자의 잠재 월 추정소비액 : 10억원

① A도시 : 1억원   B도시 : 9억원
② A도시 : 1억 5천만원   B도시 : 8억 5천만원
③ A도시 : 2억원   B도시 : 8억원
④ A도시 : 2억 5천만원   B도시 : 7억 5천만원
⑤ A도시 : 3억원   B도시 : 7억원

28. 지대이론에 관한 설명으로 틀린 것은? 35회 적중(100%)

① 리카도는 각 토지마다 다른 비옥도의 차이와 생산요소 투입에 따라 한계생산성이 증가하는 수확체감현상을 적용한다. 감평 36회
② 막스에 의하면 절대지대는 토지의 생산성과 무관하게 토지가 개인에 의해 배타적으로 소유되는 것으로부터 발생하며, 최열등지에도 지대가 발생한다.
③ 튀넨에 의하면 서로 다른 지대곡선을 가진 농산물들이 입지경쟁을 벌이면서 각 지점에 따라 가장 높은 지대를 지불하는 농업적 토지이용에 토지가 할당된다.
④ 튀넨의 위치지대설에 의하면 중심지에 가까울수록(중심지와의 접근성이 좋을수록) 집약농업이 입지하고, 교외로 갈수록 조방농업이 입지한다.
⑤ 준지대는 토지 이외의 사람이 만든 기계나 기구들로부터 얻는 소득이며, 토지개량공사로 인해 추가적으로 발생하는 일시적인 소득은 준지대로 본다.

29. 지대이론에 관한 설명으로 옳은 것은?

① 알론소의 입찰지대곡선은 여러 개의 지대곡선 중 가장 낮은 부분을 연결한 포락선이다.
② 헤이그의 마찰비용이론에서 마찰비용은 지대와 교통비의 합으로 산정된다.
③ 경제지대는 어떤 생산요소가 다른 용도로 전용되지 않고 현재의 용도에 그대로 사용되도록 지급하는 최소한의 지급액이다.
④ 튀넨은 자연조건이 동일한 고립국을 가정하여 상업활동의 공간적 분포를 통한 토지이용을 설명한다. 감평 36회
⑤ 리카르도는 지대를 생산비용으로 보기 때문에 지대가 상승하면 생산물의 가격도 상승한다고 주장하였다.

30. 도시공간구조 및 입지에 관한 설명으로 옳은 것은? 35회 적중(100%)

① 버제스의 동심원이론에 의하면 점이지대(천이지대)는 고급주택지구보다 도심으로부터 원거리에 위치한다.
② 선형이론에서의 점이지대는 중심업무지구에 직장 및 생활터전이 있어 중심업무지구에 근접하여 거주하는 지대를 말한다.
③ 버제스의 동심원이론은 침입, 경쟁, 천이과정을 수반하는 생태학적 논리에 기반하고 있다.
④ 다핵심이론에서는 다핵의 발생요인으로 유사활동 간 분산지향성, 이질활동 간 입지적 비양립성 등을 들고 있다.
⑤ 시몬스의 다차원이론에 의하면 교통기관의 현저한 발달로 종래 도시 내부에 집약되어 있던 업무시설과 주택이 간선도로를 따라 리본모양으로 확산, 입지하는 경향이 있다.

31 도시공간구조 및 입지에 관한 설명으로 옳은 것은?

① 선형이론은 도심은 하나이며 교통의 선이 도심에서 방사되는 것을 전제로 하여 도시의 성장을 설명하였다.
② 호이트(H. Hoyt)는 저소득층의 주거지가 형성되는 요인으로 도심과 부도심 사이의 도로, 고지대의 구릉지, 주요 간선도로의 근접성을 제시하였다.
③ 튀넨과 알론소는 다핵도시의 토지이용형태를 설명함에 있어 입찰지대의 개념을 적용하였다.
④ 해리스(C. Harris)와 울만(E. Ullman)의 다핵심이론에 교통축을 적용하여 개선한 이론이 호이트의 선형이론이다.
⑤ 튀넨은 지대지불능력에 따라 토지이용이 달라진다는 버제스의 이론을 도시 내부에 적용하였다.

32 부동산시장에 대한 정부의 개입을 직접개입과 간접개입 및 토지관련규제로 구분하는 경우 간접개입방식으로만 묶인 것은? 35회 적중(100%)

① 임대료상한제, 부동산보유세, 담보대출규제
② 담보대출규제, 토지거래허가제, 부동산거래세
③ 개발부담금제, 부동산거래세, 부동산가격공시제도
④ 지역지구제, 토지거래허가제, 부동산가격공시제도
⑤ 부동산보유세, 개발부담금제, 지역지구제

참고 부동산정책 중 금융규제에 해당하는 것은? 35회
① 택지개발지구 지정
② 토지거래허가제 시행
③ 개발부담금의 부담률 인상
④ 분양가상한제의 적용 지역 확대
⑤ 총부채원리금상환비율(DSR) 강화

정답 ⑤

---

33 시장실패 등에 관한 설명으로 틀린 것은?

① 소비의 비경합성과 비배제성의 성질이 나타나는 재화를 공공재라고 하며, 공공재의 경우 그 생산을 시장기구에 맡기면 과소 생산된다.
② 시장실패의 원인으로는 공공재, 외부효과, 독점, 정보의 비대칭, 규모의 경제 등이 있다.
③ 용도지역지구제는 사적 시장이 외부효과에 대한 효율적인 해결책을 제시하지 못할 때, 정부에 의해 채택되는 부동산정책의 한 수단이다.
④ 국토법상 국토는 도시지역, 관리지역, 농림지역, 자연환경보전지역의 용도지역으로 구분하며, 도시는 주거지역, 상업지역, 공업지역, 녹지지역으로 구분한다.
⑤ 국토법상 용도지역과 용도지구 및 용도구역은 상호 중첩하여 지정할 수 없다. 감평 36회

34 외부효과 등에 관한 설명으로 옳은 것은?

① 외부효과란 어떤 경제활동과 관련하여 거래당사자가 아닌 제3자에게 의도하지 않은 혜택이나 손해를 가져다주면서도 이에 대한 대가를 받지도 지불하지도 않는 상태를 말한다.
② 부(-)의 외부효과를 야기하는 제품생산을 시장에 맡기면 과소생산의 시장실패가 발생한다.
③ 부(-)의 외부효과는 핌피(PIMFY)현상을 유발한다.
④ 부(-)의 외부효과가 발생하면 사회적 비용보다 사적 비용이 커지게 된다.
⑤ 부(-)의 외부효과를 유발하는 공장에 대한 규제는 공장에서 생산되는 제품의 공급을 증가시킨다.

35 용도지역지구제 등에 관한 설명이다. 틀린 것은?

① 도시·군계획은 도시·군기본계획과 도시·군관리계획으로 구분한다.
② 도시·군기본계획은 기본적인 공간구조와 장기발전방향을 제시하는 종합계획으로서 도시·군관리계획 수립의 지침이 되는 계획을 말한다.
③ 지구단위계획이란 도시·군계획 수립 대상지역의 일부에 대하여 토지 이용을 합리화하고 그 기능을 증진시키며 미관을 개선하고 양호한 환경을 확보하며, 그 지역을 체계적·계획적으로 관리하기 위하여 수립하는 도시·군관리계획을 말한다. 35회
④ 성장관리계획이란 성장관리계획구역에서의 난개발을 방지하고 계획적인 개발을 유도하기 위하여 수립하는 계획을 말한다.
⑤ 공간재구조화계획이란 토지의 이용 및 건축물이나 그 밖의 시설의 용도·건폐율·용적률·높이 등을 강화하는 용도구역의 효율적이고 계획적인 관리를 위하여 수립하는 계획을 말한다.
감평 36회

> **참고** 국토의 계획 및 이용에 관한 법령상 기반시설의 유형으로 옳지 않은 것은? 감평 36회
> ① 공공, 문화체육시설 : 광장, 공원, 녹지, 유원지, 공공공지
> ② 유통, 공급시설 : 유통업무설비, 수도, 전기, 가스, 열공급설비, 방송, 통신시설, 공동구, 시장, 유류저장 및 송유설비
> ③ 보건위생시설 : 장사시설, 도축장, 종합의료시설
> ④ 방재시설 : 하천, 유수지, 저수지, 방화설비, 방풍설비, 방수설비, 사방설비, 방조설비
> ⑤ 교통시설 : 도로, 철도, 항만, 공항, 주차장, 자동차정류장, 궤도, 차량 검사 및 면허시설
> 🔒 정답 ①

36 부동산정책에 관한 설명으로 옳은 것은?

① 개발이익이란 개발사업의 시행이나 토지이용계획의 변경, 그 밖에 사회적·경제적 요인에 따라 정상지가 상승분을 초과하여 개발사업을 시행하는 자나 토지점유자에게 귀속되는 토지 가액의 증가분을 말한다. 감평 36회
② 토지선매에 있어 시장, 군수, 구청장은 토지거래계약허가를 받아 취득한 토지를 그 이용목적대로 이용하고 있지 아니한 토지에 대해서 선매자에게 강제로 수용하게 할 수 있다.
③ 도시개발사업은 토지를 사전에 비축하여 장래 공익사업의 원활한 시행과 토지시장의 안정에 기여할 수 있다.
④ 재건축부담금은 정비사업 중 재건축사업에서 발생되는 초과이익을 환수하기 위한 제도이며, 재건축 초과이익 환수에 관한 법률에 의해 시행되고 있다.
⑤ 토지적성평가는 도시·군계획 수립 대상지역의 일부에 대하여 토지 이용을 합리화하고 그 기능을 증진시키며 미관을 개선하고 양호한 환경을 확보하며, 그 지역을 체계적·계획적으로 관리하기 위하여 수립하는 계획이다.

37 토지이용계획의 결정 등으로 종래의 용도규제가 강화됨으로 인해 발생한 손실을 보상하는 제도인 개발손실보상제에 해당되는 것은?

① 택지소유상한제도 ② 토지거래허가구역 지정 ③ 공공토지비축제도
④ 개발부담금제도 ⑤ 개발권양도제(TDR)

38 현재 우리나라에서 시행되고 있지 않는 부동산 정책수단은 모두 몇 개인가?

㉠ 택지소유상한제	㉡ 부동산거래신고제	㉢ 토지초과이득세
㉣ 주택의 전매제한	㉤ 부동산실명제	㉥ 개발권양도제
㉦ 종합토지세	㉧ 공한지세	㉨ 재개발부담금

① 2개 ② 3개 ③ 4개 ④ 5개 ⑤ 6개

39 우리나라의 부동산제도와 근거법률의 연결이 틀린 것은?

① 부동산거래신고 등에 관한 법률 - 선매제도
② 개발이익 환수에 관한 법률 - 개발부담금
③ 부동산 실권리자명의 등기에 관한 법률 - 부동산실명제
④ 국토의 계획 및 이용에 관한 법률 - 토지거래허가제
⑤ 주택법 - 분양가상한제

40 유량의 경제변수는 모두 몇 개인가? 35회 적중(100%)

㉠ 신규공급량	㉡ 순영업소득	㉢ 가격
㉣ 주택보급률	㉤ 주택재고	㉥ 도시인구
㉦ 임대료	㉧ 통화량	

① 1개 ② 2개 ③ 3개 ④ 4개 ⑤ 5개

41 주거분리와 하향여과에 관한 설명으로 옳은 것은?

① 저소득층 주거지역에서 주택의 보수를 통한 가치 상승분이 보수비용보다 크다면 상향여과가 발생할 수 있다. 감평 36회
② 고소득층 주거지역과 인접한 저소득층 주택은 할인되어 거래될 것이다.
③ 민간주택에서 불량주택이 발생하는 것은 시장실패 상황이다.
④ 상향여과는 상위소득계층이 사용하던 기존주택이 하위소득계층의 사용으로 전환되는 것을 말한다.
⑤ 주거분리란 상업지역과 주거지역이 분리되는 현상을 말하며, 도시 전체뿐만 아니라 지리적으로 인접한 근린지역에서도 발생한다.

42 임대주택정책에 관한 설명으로 옳은 것은? 35회 적중(80%)

① 소득대비 주택가격비율(PIR)이 낮아질수록 가구의 주거비부담은 커진다.
② 주거바우처제도를 시행하면 저가주택의 공급량이 감소하고 주거의 질은 개선된다.
③ 임대료를 규제하면 초과수요가 발생하고 기존 임차자들의 주거이동이 제한된다.
④ 공공임대주택은 민간임대주택과 동일수준의 가격으로 제공하여야 한다.
⑤ 공공임대주택의 종류에는 영구임대, 국민임대, 행복주택, 통합공공임대, 장기전세, 공공지원민간임대주택, 민간매입임대주택 등이 있다. 35회

43 분양주택정책에 대한 설명이다. 틀린 것은?

① 분양가규제(분양가상한제)는 투기를 유발할 수 있기 때문에 이를 방지하기 위해서 전매제한을 강화한다.
② 분양가를 규제하면 공급의 가격탄력성이 탄력적일수록 초과수요량이 더 커진다.
③ 공공택지 중에서 주택가격 상승 우려가 있어 국토교통부장관이 지정하는 지역에서는 분양가상한제를 적용하여야 한다.
④ 도시형 생활주택은 분양가상한제를 적용하지 않는다.
⑤ 선분양제도는 초기자금부담을 완화할 수 있다는 측면에서 공급자에게 유리하다.

44 우리나라의 부동산조세제도에 관한 설명으로 옳은 것은? 35회 적중(100%)

① 취득세와 등록면허세 및 양도소득세는 신고납부방식이다.
② 상속세와 재산세는 부동산의 취득단계에 부과한다. 감평 36회
③ 종합부동산세의 납세지는 부동산소재지이다.
④ 부가가치세, 증여세, 상속세, 등록면허세, 종합부동산세는 모두 국세이다.
⑤ 종합부동산세와 재산세의 과세기준일은 매년 7월 1일이다.

45 부동산조세에 관한 설명으로 옳은 것은? 35회 적중(100%)

① 거래세를 인상하면 수요자와 공급자의 잉여는 모두 감소하며, 사회 전체적으로는 경제적 후생손실이 발생하는데 이러한 후생손실은 비탄력적일수록 더 커진다.
② 공공임대주택의 공급 확대 정책은 임대주택의 재산세가 임차인에게 전가되는 현상을 심화시킨다.
③ 임대인이 탄력적이고 임차인이 비탄력적일 때, 재산세를 부과하면 재산세가 수요자에게 전가되는 부분이 상대적으로 많다.
④ 지가상승에 대한 기대가 퍼져 있는 상황에서 양도소득세가 중과되어 동결효과가 발생하면 지가가 하락한다.
⑤ 헨리 조지는 토지에 대한 보유세는 자원배분 왜곡이 심한 비효율적 세금이므로 토지세를 없애자고 주장하였다.

46 부동산투자에 관한 설명으로 옳은 것은?

① 부동산투자는 현재의 불확실한 현금유출과 장래의 확실한 현금유입을 교환하는 행위이다.
② 총자본수익률(종합수익률)이 지분수익률보다 높으면 정(+)의 지렛대효과가 발생한다.
③ 중립적 레버리지인 경우 대부비율 또는 부채비율이 올라가면 자기자본수익률은 상승한다.
④ 지렛대효과를 이용해서 부동산에 투자하는 경우 원리금지급분 및 감가상각비에 대한 절세효과를 기대할 수 있다.
⑤ 부(−)의 레버리지효과가 발생할 경우 부채비율을 낮추어도 정(+)의 레버리지효과로 전환할 수는 없다.

47 부동산투자에서 (㉠)타인자본을 활용하지 않은 경우와 (㉡)타인자본을 40% 활용하는 경우, 각각의 1년간 자기자본수익률(%)은? 감평 35회

- 부동산 매입가격: 10,000만원
- 1년 후 부동산 처분
- 순영업소득: 연 500만원(기간 말 발생)
- 보유기간 동안 부동산가격 상승률: 연 2%
- 대출조건: 이자율 연 4%, 대출기간 1년, 원리금은 만기일시상환

① ㉠: 7.0, ㉡: 7.0 ② ㉠: 7.0, ㉡: 8.0 ③ ㉠: 7.0, ㉡: 9.0
④ ㉠: 7.5, ㉡: 8.0 ⑤ ㉠: 7.5, ㉡: 9.0

48 화폐의 시간가치에 관한 설명으로 옳은 것은?

① 10년 후에 1억원이 될 것으로 예상되는 토지의 현재가치를 계산할 경우 연금의 현재가치계수를 사용한다.
② 5년 후 주택구입에 필요한 자금 3억원을 모으기 위해 매월 말 불입해야 하는 적금액을 계산하려면, 3억원에 감채기금계수를 곱하여 구한다.
③ 원리금균등상환방식으로 주택저당대출을 받은 경우, 저당대출액에 연금의 현가계수를 곱해서 매기 원리금상환액을 계산한다.
④ 연금의 현재가치계수에 감채기금계수를 곱하면 연금의 미래가치계수이다.
⑤ '잔금비율 = 1 − 상환비율'이며, 잔금비율은 $\dfrac{\text{저당상수(잔존기간)}}{\text{저당상수(전체기간)}}$ 이다.

49 A는 승계가능한 대출로 주택을 구입하고자 한다. 다음과 같은 조건으로 기존 주택저당대출을 승계받을 때, 이 승계권의 가치는 얼마인가? 감평 36회, 감평 34회

• 기존 주택저당대출 　- 현재 대출잔액: 3억원 　- 원리금균등분할상환방식: 만기 20년, 대출금리 5%, 고정금리대출 • 신규 주택저당대출 　- 대출금액: 3억원 　- 원리금균등분할상환방식: 20년, 대출금리 7%, 고정금리대출 • 월 기준 연금현가계수 　- (5%, 20년): 150 　- (7%, 20년): 125	**야매공식** $\left(\dfrac{125}{150} - 1\right) \times 3억원$

① 4,375만원 ② 5,000만원 ③ 5,625만원 ④ 6,250만원 ⑤ 6,875만원

50. 다음은 투자부동산의 매입, 운영 및 매각에 따른 현금흐름이다. 이에 기초한 순현재가치는? (단, 0년차 현금흐름은 초기투자액, 1년차부터 7년차까지 현금흐름은 현금유입과 유출을 감안한 순현금흐름이며, 기간이 7년인 연금의 현가계수는 3.50, 7년 일시불의 현가계수는 0.60이고, 주어진 조건에 한함)

(단위: 만원)

기간(년)	0	1	2	3	4	5	6	7
현금흐름	−1,100	120	120	120	120	120	120	1,420

① 100만원 ② 120만원 ③ 140만원 ④ 160만원 ⑤ 180만원

51. 투자부동산 A에 관한 투자분석을 위해 관련 자료를 수집한 내용은 다음과 같다. 이 경우 순영업소득은?

- 유효총소득: 360,000,000원
- 대출원리금 상환액: 50,000,000원
- 수도광열비: 36,000,000원
- 수선유지비: 18,000,000원
- 공실손실상당액과 대손충당금: 18,000,000
- 직원 인건비: 80,000,000원
- 감가상각비: 40,000,000원
- 용역비: 30,000,000원
- 재산세: 18,000,000원
- 사업소득세: 3,000,000원

① 138,000,000원　② 157,000,000원　③ 160,000,000원
④ 178,000,000원　⑤ 258,000,000원

52. 부동산투자의 현금흐름 추정에 관한 설명으로 옳은 것은?

① 순영업소득은 유효총소득에서 영업경비과 기타소득을 차감한 소득을 말한다.
② 영업경비는 부동산 운영과 직접 관련 있는 경비로, 광고비, 전기세, 수선비가 이에 해당된다.
③ 순영업소득은 지분투자자에게 귀속되는 소득을 말한다.
④ 세전지분복귀액은 순영업소득에서 미상환 저당잔액을 차감하여 지분투자자의 몫으로 되돌아오는 금액을 말한다.
⑤ 부동산투자에 대한 대가는 보유시 대상부동산의 운영으로부터 나오는 자본이득과 처분시의 소득이득의 형태로 나타난다.

53 전체 구성자산의 기대수익률은? (단, 확률은 호황 80%, 불황 20%이다.)

구 분	자산비중	경제상황별 예상수익률	
		호 황	불 황
상 가	20%	20%	2%
오피스텔	40%	16%	6%
아파트	40%	10%	8%

① 9.6% ② 10.2% ③ 11.64% ④ 12% ⑤ 12.72%

54 부동산투자에 관한 설명으로 옳은 것은?

① A부동산의 예상순수익이 3,000만원이고 투자자의 요구수익률이 6%인 경우, A부동산의 투자가치는 1.8억원이다.
② 기대수익률이 요구수익률보다 크거나, 시장가치가 투자가치보다 큰 경우 투자타당성이 있다.
③ 투자위험은 기대수익을 하향조정하거나 요구수익률을 상향조정해서 반영한다.
④ 부동산투자자가 대상부동산을 원하는 시기와 가격에 현금화하지 못하는 경우는 금융위험에 해당한다.
⑤ 기대수익률은 다른 투자의 기회를 포기한다는 점에서 기회비용이라고 하며, 투자자가 대상부동산에 자금을 투자하기 위해 충족되어야 할 최소한의 수익률이다.

55 부동산투자분석기법에 관한 설명으로 옳은 것은?

① 내부수익률은 현금유입의 현재가치 합과 현금유출의 현재가치 합을 0으로 만드는 할인율을 말한다.
② 화폐의 시간가치를 고려한 방법으로는 순현재가치법, 내부수익률법, 현가회수기간법, 회계적이익률법 등이 있다.
③ 순현재가치가 '1'인 투자안의 수익성지수는 항상 '0'이 된다.
④ 내부수익률법은 내부수익률과 1을 비교하는 투자분석기법이다.
⑤ 현금유입의 현재가치에서 현금유출의 현재가치를 나눈 값이 1보다 크거나 같으면 투자타당성이 있다.

56 부동산투자분석기법에 관한 설명으로 옳은 것은? 35회 적중(100%)

① 투자규모에 차이가 있는 상호 배타적인 투자안의 경우에는 순현재가치법과 수익성지수법을 통한 의사결정은 항상 일치한다.
② 재투자율로 내부수익률법에서는 내부수익률을 사용하지만, 순현가법에서는 기대수익률을 사용한다.
③ 투자안 A의 내부수익률이 7%이고 투자안 B의 내부수익률이 5%인 경우, 결합투자안(A + B)의 내부수익률은 12%가 된다.
④ 투자금액이 동일하고 순현재가치가 모두 0보다 큰 2개의 투자안을 비교·선택할 경우, 부의 극대화 원칙에 따르면 내부수익률보다 순현재가치가 큰 투자안을 채택한다.
⑤ 투자자산의 현금흐름과 상관없이 투자안은 항상 하나의 내부수익률만 존재한다.

57 할인율이 연 10%라고 할 때 순현가와 수익성지수 및 내부수익률을 각각 구하시오(근사치).

사 업	초기 현금지출	2년 후 현금유입
A	4,000만원	5,290만원

	순현재가치	수익성지수	내부수익률
①	372만원	1.322	12%
②	372만원	1.093	12%
③	372만원	1.093	15%
④	809만원	1.202	15%
⑤	809만원	1.202	18%

58 부동산투자분석기법에 관한 설명으로 옳은 것은? 35회 적중(100%)

① 대부비율이 80%인 경우 부채비율은 400%이다.
② 일반적으로 총소득승수가 순소득승수보다 더 크다.
③ 대부비율은 지분투자액에 대한 부채의 비율이다.
④ 자본환원율은 자본의 기회비용을 반영하므로, 순영업소득과 자산의 가격을 곱하여 산정한다.
⑤ 채무불이행률은 대상부동산의 순영업소득으로 영업경비와 부채서비스액을 충당할 수 있는지를 판단하는 지표이다.

59 부동산투자분석기법에 관한 설명으로 옳은 것은?

① 자본회수기간이 목표회수기간보다 긴 투자안은 타당성이 있다.
② 회계적이익률이 목표이익률보다 낮은 투자안은 타당성이 있다.
③ 부채감당률이 1보다 크다는 것은 부채서비스액이 순영업소득보다 크다는 것을 의미한다.
④ 순소득승수가 큰 투자안일수록 자본회수기간이 길고, 환원이율의 값이 작다.
⑤ 자본환원율이 하락할수록 신규개발사업의 추진이 어려워진다.

60 비율분석법을 이용하여 산출한 것으로 옳지 않은 것은? (단, 주어진 조건에 한하며, 연간 기준임)
35회 적중(100%)

- 주택담보대출액: 2억원
- 주택담보대출의 연간 원리금상환액: 1천만원
- 부동산가치: 4억원
- 차입자의 연소득: 5천만원
- 가능총소득: 4천만원
- 공실손실상당액 및 대손충당금: 가능총소득의 25%
- 영업경비: 가능총소득의 50%

① 부채감당률(DCR) = 1.0
② 채무불이행률 = 1.0
③ 총부채상환비율(DTI) = 0.2
④ 부채비율 = 1.0
⑤ 저당상수 = 0.1

61 부동산 포트폴리오에 관한 설명으로 옳은 것은? 35회 적중(상)

① 평균 – 분산 지배원리에 따르면, A투자안과 B투자안의 기대수익률이 같은 경우, A투자안보다 B투자안의 기대수익률의 표준편차가 더 작다면 A투자안이 더 선호된다.
② 시장성분석을 통해 투입요소의 변화가 그 투자안의 내부수익률에 미치는 영향을 분석할 수 있다.
③ 시장 내 투자안들이 가지는 개별적인 위험을 체계적인 위험이라고 하며, 이러한 체계적 위험은 분산투자를 통해 감소시킬 수 없다.
④ 포트폴리오 구성자산들의 수익률분포가 –1의 상관관계에 있을 경우, 자산구성비율을 조정하면 비체계적 위험을 0까지 줄일 수 있다.
⑤ 포트폴리오의 기대수익률은 개별자산의 기대수익률을 가중평균하여 구하고, 포트폴리오의 위험은 개별자산의 총위험을 가중평균하여 구한다.

62 최적포트폴리오의 선택과정에 관한 설명으로 옳은 것은?

① 효율적 프런티어(효율적 전선)이란 평균 − 분산 지배원리에 의해 모든 위험수준에서 최저의 기대수익률을 얻을 수 있는 포트폴리오의 집합을 말한다.
② 효율적 프론티어는 우하향의 형태로 나타나며 이는 위험과 수익이 비례관계에 있다는 것을 의미한다.
③ 투자자의 무차별곡선은 좌측에 존재할수록 효용이 높으며, 투자자가 공격적 성향의 투자자일수록 투자자의 무차별곡선의 기울기는 완만하다.
④ 효율적 프론티어와 특정 투자자의 무차별곡선이 만나는 모든 점이 그 투자자의 최적 포트폴리오가 된다.
⑤ 포트폴리오이론은 투자시 여러 종목에 분산 투자함으로써 수익을 최대치로 올리고자 하는 자산투자이론이다.

> **참고** 합리적인 투자자가 가장 선호할 자산은? 감평 36회
>
> | 자산구분 | 토지 | 아파트 | 오피스 | 채권 | 주식 |
> |---|---|---|---|---|---|
> | 수익률 | 0.82% | 0.95% | 2.23% | 0.99% | 1.90% |
> | 표준편차 | 1.17% | 2.19% | 1.05% | 1.05% | 8.11% |
>
> ① 오피스 ② 채권
> ③ 아파트 ④ 주식
> ⑤ 토지
>
> 🔒 정답 ①

63 부동산금융에 관한 설명으로 옳은 것은?

① 다른 조건이 일정할 때 융자상환기간이 장기일수록 차입자의 대출상환부담은 커진다.
② 시장에서 인플레이션이 발생하면 기준금리는 변하지 않고 가산금리가 상승한다.
③ 대출자는 기초에 한 번 이자를 받는 것보다 기간 중 4회 나누어 받는 것이 불리하다.
④ 랩어라운드 대출은 기존대출을 상환하고 신규대출을 별도로 제공하는 방식이다. 감평 36회
⑤ 다른 조건이 동일할 경우 변동금리대출이 고정금리대출보다 대출금리가 높다.

64 다음 조건의 경우 김백중의 최대 대출 가능금액은 각각 얼마인가? 35회 적중(100%)

- 대출승인 기준 : 담보인정비율(LTV) 40%
- 주택의 담보평가가격 : 5억원
- 총부채상환비율(DTI) : 40%
- 김백중의 연간 소득 : 6천만원
- 상가의 담보평가가격 : 5억원
- 부채감당률(DSCR) : 1.5
- 상가의 순영업소득 : 2천7백만원
- 연간 저당상수 : 0.10

	주택담보	상가담보		주택담보	상가담보
①	1.8억원	1.8억원	②	2.0억원	1.8억원
③	2.0억원	2.0억원	④	2.4억원	1.8억원
⑤	2.4억원	2.0억원			

65 부동산금융에 관한 설명으로 옳은 것은?

① 제2차 저당대출시장은 주택담보 대출시장을 의미한다.
② 총부채상환비율(DTI)과 총부채원리금상환비율(DSR)은 모두 연간 금융부채 원리금상환액 산정 시 주택담보대출 원리금상환액과 기타대출 원리금상환액을 모두 포함한다.
③ 담보인정비율(LTV)은 소득기준으로 채무불이행위험을 측정하는 지표이다.
④ 변동금리대출의 경우 금리 조정주기가 짧을수록 대출자의 위험은 높아진다.
⑤ 고정금리대출은 금리하락기에 조기상환 위험이 높다.

66 백중이는 주택구입을 위해 10억원을 대출받았다. 대출이자율이 연리 5%인 경우 각각의 값을 구하시오.

(1) 원금균등분할상환조건인 경우 12년차의 원리금(상환기간 20년)
(2) 원리금균등상환조건인 경우 3년차의 이자(저당상수는 0.1을 적용한다)

	(1)	(2)
①	67,250,000원	42,475,000원
②	67,250,000원	44,875,000원
③	72,500,000원	42,500,000원
④	72,500,000원	42,475,000원
⑤	72,500,000원	44,875,000원

67 주택금융에 관한 설명으로 옳은 것은? 35회 적중(100%)

① 원금균등상환과 원리금균등상환의 만기시까지 원리금불입액 총누적금액은 동일하다.
② 원리금균등분할상환방식의 경우 잔금은 직선적으로 감소한다.
③ 원리금균등의 경우 전체기간의 절반이 지나면 원금의 반을 상환하게 된다.
④ 점증상환에서는 초기에 원리금의 납입액이 이자지급액에 미치지 못할 수 있는데, 이 경우 미상환 이자가 원금에 가산되어 부(-)의 상환이 일어날 수 있다. 감평 36회
⑤ 대출조건이 동일할 경우, 대출채권의 듀레이션은 원리금균등분할상환, 원금균등분할상환, 점증상환, 만기일시상환의 순으로 점점 더 짧아진다. 감평 36회

68 주택금융에 관한 설명으로 옳은 것은?

① 저당유동화가 활성화되면 대출기관의 유동성이 증대되고 주택시장에서 주택수요가 증가한다.
② 1차 주택저당 대출시장은 특별목적회사(SPC)를 통해 투자자로부터 자금을 조달하여 대출기관에 공급해주는 시장을 말한다.
③ 부동산개발PF ABCP는 자산유동화에 관한 법률에 근거하며 만기가 긴 채권이다.
④ 부동산개발PF ABS는 상법에 근거하며 만기가 짧은 채권이다.
⑤ 한국주택금융공사는 주택저당증권을 기초로 주택저당채권을 발행한다.

69 유동화증권(MBS)에 관한 설명으로 옳은 것은? 35회 적중(100%)

① MPTB : 조기상환위험은 투자자가 부담하고, 채무불이행위험은 증권발행자가 부담한다.
② MPTS : MBB증권보다 수명이 더 길고 더 많은 초과담보를 확보하고 있다.
③ MPTB : 위험 - 수익 구조가 다양한 트랜치의 증권이다.
④ MBB : 원차입자의 채무불이행이 발생하면 증권발행자가 투자자에게 원리금을 지급하지 않는다.
⑤ MPTS는 부채를 나타내는 증권이므로 유동화기관의 장부에 부채로 표기된다. 감평 36회

70 한국주택금융공사의 주택연금제도에 대한 설명으로 옳은 것은? 35회 적중(100%)

① 주택소유자와 배우자가 모두 만 55세 이상의 대한민국 국적자이어야 한다.
② 다주택자는 주택연금에 가입할 수 없다.
③ 주거용과 업무용 오피스텔도 대상주택에 포함된다.
④ 주택연금은 기간이 경과할수록 대출잔액이 증가한다.
⑤ 주택연금은 한국주택금융공사가 저당권방식과 신탁방식 중 하나를 결정한다.

71 민간투자사업방식 등에 관한 설명으로 옳은 것은?

① 민관합동개발: 제 1섹터 개발이라고도 하며, 민간이 자본과 기술을 제공하고 공공기관이 인·허가 등 행정적인 부분을 담당하는 상호 보완적인 개발을 말한다.
② BOT: 사업시행자가 시설을 준공하여 소유권을 보유하면서 시설의 수익을 가진 후 일정 기간 경과 후 시설소유권을 국가 또는 지방자치단체에 귀속시키는 방식이다.
③ BTL: 시설의 준공과 함께 시설의 소유권이 국가 또는 지방자치단체에 귀속되지만, 사업시행자가 정해진 기간 동안 시설에 대한 운영권을 가지고 수익을 내는 방식이다.
④ BOO: 사업시행자가 시설을 준공하여 소유권을 보유하면서 국가나 지방자치단체에 임대하여 수익을 낸 후 일정 기간 경과 후 시설소유권을 국가 또는 지방자치단체에 귀속시키는 방식이다.
⑤ BTO: 사업시행자가 시설의 준공과 함께 소유권을 국가 또는 지방자치단체로 이전하고, 해당 시설을 국가나 지방자치단체에 임대하여 수익을 내는 방식이다.

72 프로젝트금융에 관한 설명으로 옳은 것은?

① 채권자는 사업주의 개인자산에 대해 채권의 변제를 청구할 수 있다.
② 사업주의 입장에서는 비소구금융 및 부외금융효과가 있다.
③ 실체가 없는 서류상 회사인 프로젝트금융투자회사(PFV)는 법인세를 감면받을 수 없다.
④ 사업주의 신용과 자산을 담보로 필요한 자금을 융통하는 방식이다.
⑤ 개발사업의 현금흐름을 통제하기 위해서 대출자는 개발자금을 직접 관리한다.

73 지분금융, 부채금융, 메자닌금융으로 구분하는 경우 부채금융에 해당되는 것은 모두 몇 개인가?

㉠ 유동화증권(MBS)	㉡ 증자	㉢ 회사채(공모)
㉣ 신탁증서금융	㉤ 후순위대출	㉥ 전환우선주
㉦ 투자신탁	㉧ 주택상환채권	㉨ 신주(보통주)
㉩ 신주인수권부사채	㉪ 부동산신디케이트	㉫ 저당금융

① 2개 ② 3개 ③ 4개 ④ 5개 ⑤ 6개

74 부동산투자회사법에 관한 설명으로 옳은 것은?

① 자기관리 부동산투자회사의 설립자본금은 50억원 이상이다.
② 영업인가를 받거나 등록을 한 날부터 6개월이 지난 위탁관리 부동산투자회사의 자본금은 50억원 이상이어야 한다.
③ 기업구조조정 부동산투자회사는 자산운용 전문인력을 포함한 임직원을 상근으로 두고 자산의 투자·운용을 직접 수행하는 회사를 말한다.
④ 자기관리 부동산투자회사와 기업구조조정 부동산투자회사는 자산운용 전문인력을 상근으로 두어야 한다.
⑤ 부동산투자회사는 설립자본금 이상을 갖추기 전에는 현물출자를 받는 방식으로 신주를 발행할 수 없다.

75 부동산투자회사법에 관한 설명으로 옳은 것은? 35회 적중(75%)

① 자기관리 부동산투자회사는 투자자산을 자산관리회사에 위탁하여야 하며, 자산관리회사의 경우 최저자본금 10억원 및 등록이 필요하다.
② 자기관리 부동산투자회사는 최저자본금준비기간이 끝난 후에는 매 분기 말 현재 총자산의 100분의 80 이상이 부동산(건축 중인 건축물 포함)이어야 한다.
③ 자산운용 전문인력으로 상근하는 공인중개사는 해당분야에 3년 이상 종사한 사람이어야 한다.
④ 부동산투자회사의 주주 1인과 그 특별관계자는 부동산투자회사가 발행한 주식 총수의 100분의 50을 초과하여 주식을 소유할 수 없다는 규정은 기업구조조정 부동산투자회사에는 적용되지 않는다.
⑤ 부동산투자회사는 자기자본의 10배까지 차입이 가능하며, 주주총회의 특별결의를 거치면 자기자본의 2배까지 차입이 가능하다.

> **참고** 전문인력의 요건 35회 기출지문
> • 부동산투자회사에서 3년을 근무한 사람(×)
> • 부동산투자회사 등에 5년 이상 근무하고 그중 3년 이상을 해당업무에 종사한 경력이 있는 사람(○)

76 부동산 개발위험에 관한 설명으로 옳은 것은?

① 부동산개발이란 조성, 건축, 대수선, 리모델링, 용도변경 또는 설치되거나 될 예정인 부동산을 공급하는 것을 말하며, 이때 시공을 담당하는 행위도 포함한다.
② 토지이용의 집약도란 토지의 단위면적에 투입되는 노동과 자본의 양을 말하며, 도심에서 외곽으로 갈수록 커진다.
③ 도시의 성장과 개발이 정부의 계획대로 질서 있게 확산되는 현상을 도시스프롤현상이라고 한다.
④ 부실공사 가능성은 시행사 또는 시공사가 스스로 관리할 수 없는 위험에 해당한다.
⑤ 법적위험을 최소화하기 위해서 시행사는 이미 이용계획이 확정된 토지를 매입하는 것이 필요하다.

77 부동산개발의 긍정요소에 해당되는 것은 모두 몇 개인가?

㉠ 조합원 이주비용 감소	㉥ 기부채납 감소
㉡ 용적률 감소	㉦ 공사기간 연장
㉢ 대출금리 상승	㉧ 분양가격 상승
㉣ 공사비 하락	㉨ 분양률 상승
㉤ 건설자재 가격하락	㉩ 조합원부담금 증가

① 3개 ② 4개 ③ 5개 ④ 6개 ⑤ 7개

78 부동산개발에 관한 설명으로 옳은 것은?

① 부동산분석은 일반적으로 시장분석 ⇨ 시장성분석 ⇨ 지역경제분석 ⇨ 타당성분석 ⇨ 투자분석의 과정을 거친다.
② 흡수율분석은 부동산시장의 추세를 파악하는 데 도움을 주는 것으로, 과거의 추세를 분석해서 미래를 예측하는 것이 주된 목적이다.
③ 타당성분석은 개발된 부동산이 현재나 미래의 시장상황에서 매매·임대될 수 있는 가능성 정도를 조사하는 것을 말한다.
④ 타당성분석에 활용된 투입요소의 변화가 그 결과치에 어떠한 영향을 주는가를 분석하는 기법을 흡수율분석이라고 한다.
⑤ 개발사업에 대한 타당성분석 결과가 개발업자에 따라 달라져서는 안 된다.

79 X와 Y지역의 산업별 고용자수가 다음과 같을 때, X지역의 입지계수(LQ)에 따른 기반산업의 개수와, X지역 D산업의 입지계수는? (단, 주어진 조건에 한함)

구 분	X지역	Y지역	전지역
A산업	30	50	80
B산업	50	40	90
C산업	60	50	110
D산업	100	20	120
E산업	80	60	140
전산업 고용자수	320	220	540

① 1개, 1.2   ② 1개, 1.4   ③ 2개, 0.8
④ 2개, 1.4   ⑤ 3개, 1.2

80 민간의 토지개발방식에 관한 설명으로 옳은 것은? 35회 적중(100%)

① 부동산신탁에 있어서 당사자는 부동산 소유자인 위탁자와 부동산 신탁회사인 신탁자 및 신탁재산의 수익권을 배당 받는 수익자로 구성되어 있다.
② 토지개발신탁은 상가 등 건축물 분양의 투명성과 안정성을 확보하기 위하여 신탁회사에게 사업부지의 신탁과 분양에 따른 자금관리업무를 부담시키는 것이다.
③ 관리신탁은 처분방법이나 절차가 까다로운 부동산에 대한 처분업무 및 처분완료시까지의 관리업무를 신탁회사가 수행하는 것이다.
④ 개발사업의 방식 중 사업위탁방식과 신탁개발방식의 공통점은 토지소유자가 개발사업의 전문성이 있는 제3자에게 토지소유권을 이전하고 사업을 위탁하는 점이다.
⑤ 저당권설정방식은 담보신탁방식보다 소요되는 경비가 많고, 채무불이행시 부동산 처분 절차가 복잡하다.

81 부동산개발 사업방식에 관한 설명으로 옳은 것은? 35회 적중(100%)

① 공사비대물변제방식은 토지소유자는 토지를 제공하고 개발업자는 건물을 건축한 후 분양하고 분양수입금을 기여도에 따라 배분하는 방식이다.
② 정비사업의 종류에는 주거환경개선사업, 재개발사업, 재건축사업, 공공주거환경개선사업, 공공재개발사업, 공공재건축사업이 있다.
③ 환지방식으로 개발된 토지 중 토지소유자에게 재분배하는 토지를 보류지라고 한다.
④ 개발의 속도와 개발이익의 환수라는 측면에서 환지방식이 수용방식보다 유리하고, 사업비부담의 측면과 매각부담의 측면에서는 수용방식이 환지방식보다 유리하다.
⑤ 도시저소득 주민이 집단거주하는 지역으로서 정비기반시설이 극히 열악하고 노후·불량건축물이 과도하게 밀집한 지역의 주거환경을 개선하기 위한 사업을 주거환경개선사업이라고 한다.

82 부동산관리에 관한 설명으로 옳은 것은? 35회 적중(100%)

① 자산관리자의 중요한 업무내용으로는 포트폴리오관리, 재투자여부 결정, 외주관리, 에너지관리 등이 있다. 감평 36회
② 재산관리란 각종 부동산시설을 운영하고 유지하는 것으로 시설사용자나 건물주의 요구에 단순히 부응하는 정도의 소극적이고 기술적인 측면의 관리를 말한다.
③ 위탁관리의 장점은 전문적인 관리와 인건비 절감이고, 단점은 기밀유지의 어려움과 종합적 관리의 어려움 등이다.
④ 토지의 경계측량은 법률적 관리이고, 부동산의 운영에 필요한 인력관리는 기술적 관리이다.
⑤ 건물의 이용에 의한 마멸, 파손, 노후화, 우발적 사고 등으로 사용이 불가능할 때까지의 기간을 기능적 내용연수라고 한다.

83 부동산관리에 관한 설명으로 옳은 것은?

① 순임대차는 일반적으로 기본임대료에 추가임대료를 더하여 임대료를 산정한다.
② 주거용 부동산의 임대차 계약방식은 비율임대차가 일반적이다.
③ 화재로 인한 교체공사 기간 중 발생하는 임대료 손실에 대해 보상을 받기 위해서는 책임보험에 가입해야 한다.
④ 대응적 유지활동은 시설을 교환하고 수리하는 사전적 유지활동을 의미한다.
⑤ 건물의 수명현상은 전개발단계, 신축단계, 안정단계, 노후화단계, 완전폐물단계로 구성되며, 건물의 관리는 안정단계의 기간을 연장시키는 것이 주목적이다.

84 분양면적 300m²인 매장용 부동산의 예상임대료는? (단, 비율임대차방식 적용) 35회 적중(20%)

- 예상매출액 : 분양면적 m²당 500,000원
- 기본임대료 : 분양면적 m²당 4만원
- 손익분기점 매출액 : 1억원
- 손익분기점 매출액 초과 매출액에 대한 추가임대료율 : 20%

① 1,200만원 ② 1,500만원 ③ 2,200만원
④ 2,500만원 ⑤ 3,000만원

85 부동산마케팅의 세 가지 전략에 관한 설명으로 옳은 것은?

① 시장세분화 전략은 부동산시장에서 마케팅활동을 수행하기 위하여 경쟁하고 있는 공급자의 집단을 세분하는 것이다.
② 프로모우션(promotion)은 목표시장에서 고객의 욕구를 파악하여 경쟁 제품과 차별성을 가지도록 제품 개념을 정하고 소비자의 지각 속에 적절히 위치시키는 것이다.
③ 고객점유마케팅 전략에서는 공급자와 소비자의 관계를 일회적이 아닌 지속적인 관계로 유지하려 한다.
④ 4P mix 전략은 시장세분화(segmentation), 표적시장 선정(targeting), 포지셔닝(positioning)으로 구성된다.
⑤ 고객점유마케팅의 핵심요소인 AIDA의 원리는 주의(attention), 관심(interest), 욕망(desire), 행동(action)의 단계가 있다. 감평 36회

86 부동산 마케팅 믹스 전략에 관한 설명으로 옳은 것은? 35회 적중(100%)

① 마케팅 믹스는 유통경로(Place), 판매촉진(Promotion), 가격(Price)의 세 가지 요소로 구성된다.
② 마케팅 믹스란 광고효과를 극대화하기 위해 신문광고, 팜플렛광고 등의 광고매체를 조합하는 것을 말한다.
③ 마케팅믹스의 가격관리에서 신축가격(적응가격)정책은 위치, 방위, 층, 지역 등에 따라 각기 다른 가격으로 판매하는 정책이다.
④ 부동산중개업소를 적극적으로 활용하는 전략은 판매촉진(Promotion)전략에 해당된다.
⑤ 체크포인트(check-point)는 상품으로서 부동산이 지니는 여러 특징 중 구매자(고객)의 욕망을 만족시켜 주는 특징을 말한다.

87 감정평가 3방식에 관한 설명으로 옳은 것은?

① 적산법이란 대상물건의 기초가액에 기대이율을 곱하여 산정된 기대수익에 필요한 경비를 더하여 대상물건의 임대료를 산정하는 방법을 말한다.
② 원가법이란 대상물건의 건축공사비에 감가수정을 하여 대상물건의 가액을 산정하는 감정평가방법을 말한다.
③ 감가수정이란 재조달원가를 감액하여야 할 요인이 있는 경우에 물리적 감가, 기능적 감가 또는 경제적 감가 등을 고려하여 그에 해당하는 금액을 재조달원가에서 가산하여 기준시점에 있어서의 대상물건의 가액을 적정화하는 작업을 말한다.
④ 공시지가기준법이란 표준지공시지가를 기준으로 사정보정, 시점수정, 지역요인 및 개별요인 비교, 그 밖의 요인의 보정을 거쳐 대상토지의 가액을 산정하는 감정평가방법을 말한다.
⑤ 수익분석법이란 대상물건이 현재 산출하고 있는 순수익이나 현재의 현금흐름을 환원하거나 할인하여 대상물건의 가액을 산정하는 방법이다.

88 감정평가규칙에 관한 설명으로 옳은 것은?

① 시장가치란 대상물건이 일반적인 시장에서 충분한 기간 동안 공개된 후 그 대상물건의 내용에 정통한 당사자 사이에 자발적인 거래가 있을 경우 성립될 가능성이 가장 높다고 인정되는 평균가액을 말한다.
② 적정한 실거래가란 '부동산 거래신고 등에 관한 법률'에 따라 신고된 실제 거래가격으로서 거래시점이 도시지역은 3년 이내, 그 밖의 지역은 5년 이내인 거래가격이어야 한다. 감평 36회
③ 시장성의 원리에 기초한 감정평가방식은 거래사례비교법과 임대사례비교법 및 공시지가기준법을 말한다.
④ 동일수급권은 감정평가의 대상이 된 부동산이 속한 지역으로서 부동산의 이용이 동질적이고 가치형성요인 중 지역요인을 공유하는 지역을 말한다.
⑤ 가치발생요인이란 대상물건의 경제적 가치에 영향을 미치는 일반요인, 지역요인 및 개별요인 등을 말한다.

89 감정평가규칙에 관한 설명으로 옳은 것은? 35회 적중(50%)

① 기준시점이란 감정평가액을 결정하는 기준이 되는 날짜이며, 기준시점은 가격조사를 완료한 날짜 또는 감정평가를 완료한 날짜로 한다.
② 기준가치란 감정평가의 기준이 되는 가치를 말하며, 감정평가의 기준가치는 평가의뢰인이 요구하는 가격이다.
③ 일체로 이용되고 있는 대상물건의 일부분에 대하여 감정평가하여야 할 특수한 목적이나 합리적인 이유가 있는 경우에는 그 부분만 감정평가할 수 있다.
④ 감정평가는 평가시점에서의 대상물건의 이용상황 및 공법상 제한을 받는 상태를 기준으로 하며, 불법적인 이용이나 일시적인 이용은 이를 고려하지 않는다.
⑤ 시산가액은 감정평가 3방식에 의하여 도출된 각각의 가액이며 이를 조정하는 경우 각각의 가격을 산술평균하여야 한다.

90 물건별 감정평가에 관한 설명으로 옳은 것은? 35회 적중(100%)

① 시산가액 조정시, 공시지가기준법과 그 밖의 비교방식에 속한 감정평가방법은 동일한 감정평가방식으로 본다. 감평 36회
② 감정평가법인등은 토지와 건물을 일괄하여 감정평가할 때에는 수익환원법을 적용하여야 한다.
③ 토지, 과수원, 임대료, 자동차의 주된 감정평가방법은 동일하다.
④ 감정평가법인등은 산림을 감정평가할 때에 산지와 입목(立木)을 구분하여 감정평가해야 한다. 이 경우 입목은 거래사례비교법을 적용한다.
⑤ 감정평가법인등은 광업재단을 감정평가할 때에는 재단을 구성하는 개별 물건의 감정평가액을 합산하여 감정평가해야 한다.

91 가격제원칙에 관한 설명으로 옳은 것은?

① 기여의 원칙에 의하면 부동산의 가격은 부동산 구성요소의 생산비를 모두 합친 것과 같은 금액이며, 추가투자여부를 판단할 때 유용한 가격제원칙이다.
② 예측의 원칙은 부동산의 가치는 항상 변동의 과정에 있다는 원칙이다. 따라서 부동산을 감정평가하는 경우 항상 평가의 기준이 되는 기준시점의 확정이 필요하게 된다.
③ 균형의 원칙은 구성요소의 결합에 대한 내용으로, 균형을 이루지 못하는 과잉부분은 원가법을 적용할 때 기능적 감가로 처리한다.
④ 수요공급의 원칙은 추가투자를 판단하는 경우 유용한 가격제원칙이다.
⑤ 균형의 원칙은 대체성 있는 2개 이상의 재화가 존재할 때 그 재화의 가격은 서로 관련되어 이루어진다는 원칙으로 유용성이 동일할 때는 가장 가격이 싼 것을 선택하게 된다.

92 지역분석과 개별분석에 관한 설명으로 옳은 것은?

① 개별분석의 대상은 인근지역, 유사지역, 동일수급권이다.
② 지역분석은 미시적이고 구체적인 분석이다.
③ 지역분석의 목적은 대상부동산의 최유효이용을 판정하는 것이다.
④ 지역분석의 결과 적합의 원칙에 위배된 이용을 하는 부동산에는 경제적 감가가 발생한다.
⑤ 거래사례비교법에서 사례자료를 유사지역에서 구할 경우 지역요인의 비교과정은 필요하지 않다.

93 원가법과 수익환원법에 대한 설명으로 옳은 것은? 35회 적중(50%)

① 재조달원가는 준공시점의 건축공사비를 의미한다.
② 재조달원가를 대체원가로 구하는 경우 기능적 감가는 하지 않는다.
③ 감가수정방법으로는 내용연수법, 관찰감가법, 분해법 등이 있으며, 분해법은 다시 정액법과 정률법 및 상환기금법으로 구분한다.
④ 정률법은 매년 감가액이 일정하다.
⑤ 수익가격 산정에 필요한 환원이율을 구하는 방법으로는 조성법, 시장추출법, 투자결합법, 상환기금법, 엘우드법이 있다.

94 다음과 같이 조사된 건물의 기준시점 현재의 원가법에 의한 감정평가 가격은? (단, 감가수정은 정액법에 의함)

- 준공시점 : 2023년 1월 1일
- 기준시점 : 2025년 1월 1일
- 준공시점의 공사비(매년 공사비 상승률 20%)
  - 직접공사비 : 4억원
  - 간접공사비 : 6천만원
  - 개발업자의 적정이윤 : 4천만원
- 기준시점 현재 경제적 내용연수 : 50년
- 기준시점 현재 물리적 내용연수 : 60년
- 내용연수 만료시 잔존가치율 : 10%

① 642,500,000원　② 694,080,000원　③ 702,640,000원
④ 720,000,000원　⑤ 732,500,000원

95 공작기계 1대를 취득원가 8,000,000원에 2년 전에 구입하였다. 현재 기준시점의 재조달원가는 10,000,000원이다. 원가법으로 평가한 현재 가액은? (단, 감가수정은 정률법을 적용하되, 연간 감가율은 0.2이며, 주어진 조건에 한함) 감평 36회

① 5,120,000원 ② 6,400,000원 ③ 7,500,000원
④ 8,000,000원 ⑤ 10,000,000원

96 순영업소득이 연 60,000,000원인 대상부동산의 수익가치는? 35회 적중(100%)

(가)의 조건
- 부채서비스액: 연 15,000,000원
- 지분비율: 대부비율 = 80% : 20%
- 대출조건: 이자율 연 10%로 10년간 매년 원리금균등상환
- 저당상수(이자율 연 10%, 기간 10년): 0.16

(나)의 조건
- 토지가액: 건물가액 = 40% : 60%
- 토지환원이율: 3%
- 건물환원이율: 8%

	(가)의 조건	(나)의 조건
①	468,750,000원	1,000,000,000원
②	482,550,000원	980,000,000원
③	500,000,000원	600,000,000원
④	524,250,000원	500,000,000원
⑤	600,000,000원	468,750,000원

97 다음 자료를 활용하여 공시지가기준법으로 산정한 대상토지의 단위면적당 시산가액은? (단, 주어진 조건에 한함)

- 대상토지 현황: A시 B구 C동 120번지, 일반상업지역, 상업용
- 기준시점: 2024.10.26.
- 표준지공시지가(A시 B구 C동, 2024.1.1. 기준)

	소재지	용도지역	이용상황	공시지가(원/m^2)
1	C동 110	준주거지역	상업용	6,000,000
2	C동 130	일반상업지역	상업용	8,000,000

- 지가변동률(A시 B구, 2024.1.1. ~ 2024.10.26.)
  - 주거지역: 3% 상승
  - 상업지역: 5% 상승
- 지역요인: 표준지와 대상토지는 인근지역에 위치하여 지역요인 동일함
- 개별요인: 대상토지는 표준지 기호 1에 비해 개별요인 10% 우세하고, 표준지 기호 2에 비해 개별요인 3% 열세함
- 그 밖의 요인 보정: 대상토지 인근지역의 가치형성 요인이 유사한 정상적인 거래사례 및 평가사례 등을 고려하여 그 밖의 요인으로 50% 증액 보정함
- 상승식으로 계산할 것

① 6,798,000원/m^2 ② 8,148,000원/m^2 ③ 10,197,000원/m^2
④ 12,222,000원/m^2 ⑤ 13,860,000원/m^2

⇨ 36회 대비: 표준지가 유사지역에 있는 경우 비교표준지가 속한 지역의 지가변동률을 적용하는 계산문제 대비

98 거래사례비교법으로 산정한 대상토지의 감정평가액은? 35회 적중(50%)

- 대상토지: A시 B구 C동 350번지, 180m²(면적), 대(지목), 주상용(이용상황), 제2종일반주거지역(용도지역)
- 기준시점: 2024.6.30.
- 거래사례의 내역(거래시점: 2024.1.1.)

	소재지(유사지역)	용도지역	토지면적	이용상황	거래가격
1	D동 110	제2종 일반주거지역	200m²	주거용	2억원
2	D동 130	일반상업지역	150m²	주상용	4억원

- 거래사례는 1과 2 모두 정상적인 가격보다 20% 저가로 거래됨(사정보정치 1.25)
- 지가변동률(2024.1.1. ~ 2024.6.30.): 1사분기 지가변동률은 4% 상승하고, 2사분기 지가변동률은 1% 하락함
- 지역요인: 인근지역이 유사지역보다 8% 우세함
- 개별요인: 대상토지는 거래사례에 비해 5% 열세함
- 상승식으로 계산할 것

① 237,683,160원 ② 242,392,500원 ③ 248,600,000원
④ 249,227,500원 ⑤ 250,000,000원

99 부동산가격공시제도에 관한 설명으로 옳은 것은?

① 국토교통부장관이 표준주택가격을 조사·평가할 때에는 감정평가법인에 의뢰하여야 한다.
② 표준주택은 단독주택과 공동주택 중에서 각각 대표성 있는 주택을 선정한다.
③ 개별공시지가의 적정가격을 조사·평가하는 경우에는 인근 유사토지의 거래가격·임대료 및 당해 토지와 유사한 이용가치를 지닌다고 인정되는 토지의 조성에 필요한 비용추정액 등을 종합적으로 참작하여야 한다.
④ 표준지로 선정된 토지와 조세 또는 부담금 등의 부과대상인 토지 등에 대하여는 개별공시지가를 결정·공시하지 아니할 수 있다. 이 경우 표준지로 선정된 토지에 대하여는 해당 토지의 표준지공시지가를 개별공시지가로 본다.
⑤ 시장·군수·구청장은 공시기준일 이후에 분할·합병 등이 발생한 토지에 대하여는 개별공시지가는 1월 1일 또는 7월 1일을 공시기준일로 한다.

100 부동산가격공시제도에 관한 설명으로 옳은 것은? 35회 적중(100%)

① 개별공시지가를 산정할 때에는 그 타당성에 대하여 반드시 감정평가법인등의 검증을 받아야 한다.
② 국토교통부장관은 표준주택에 대하여 매년 공시기준일 현재 적정가격을 조사·산정하고, 시·군·구 부동산가격공시위원회의 심의를 거쳐 이를 공시하여야 한다.
③ 도시·군계획시설로서 공원으로 지정된 토지에 대해서는 개별공시지가를 결정·공시하지 아니할 수 있다.
④ 공동주택가격은 주택시장의 가격정보를 제공하고, 국가·지방자치단체 등이 과세 등의 업무와 관련하여 주택의 가격을 산정하는 경우에 그 기준으로 활용될 수 있다.
⑤ 개별주택가격과 공동주택가격에 이의가 있는 자는 그 공시일부터 30일 이내에 서면으로 시장·군수 또는 구청장에게 이의를 신청할 수 있다.

2회 동형모의고사 예습

01 부동산학에 관한 설명으로 옳은 것은?

① 민법 규정에 의하면 토지소유자는 법률의 범위 내에서 토지를 사용, 수익, 처분할 권리가 있고, 토지의 소유권은 토지소유자가 원하는 범위 내에서 토지의 상하에 미친다.
② 부동산학은 순수이론과학이다.
③ 부동산건설업과 부동산금융업은 한국표준산업분류상 부동산업에 해당되지 않지만, 부동산분양 대행업은 부동산업에 해당된다.
④ 귀속권, 과세권, 수용권, 경찰권 등은 부동산소유권의 사적제한에 해당된다. 감평 36회
⑤ 부동산투자, 부동산금융, 부동산개발 등의 부동산 결정분야에서 강조되는 접근방법은 종합식 접근방법이다.

02 부동산의 복합개념에 관한 설명으로 옳은 것은? 35회 적중(상)

① 입목이란 토지에 부착된 수목의 집단으로서 그 소유자가 '입목에 관한 법률'에 따라 소유권보존 등기를 받은 것을 말하며, 토지소유권 또는 지상권 처분의 효력이 미친다. 감평 36회
② 건물에 부착된 물건은 누가 어떤 목적으로 설치했는가와 상관없이 모두 부동산으로 본다.
③ 경제적 개념의 부동산은 부동산을 무형적 측면에서 접근하는 것이며, 부동산을 자산, 자본, 생산요소, 소비재, 상품 등으로 인식하는 것이다.
④ 민법상 부동산과 준부동산은 모두 부동산중개의 대상이 된다.
⑤ 토지와 건물이 각각 독립된 거래의 객체이면서도 마치 하나의 결합된 상태로 다루어져 부동산 활동의 대상으로 인식될 때 이를 복합개념의 부동산이라고 한다.

03 토지의 정착물 중에서 독립정착물에 해당되지 않는 것은?

① 임차자 정착물 중 가사정착물
② 입목법에 근거해 등기한 수목의 집단
③ 권원을 갖춘 타인토지 농작물
④ 명인방법을 갖춘 수목의 집단
⑤ 단독주택

04 토지에 대한 용어설명 중 가장 옳은 것은? 35회 적중(50%)

① 법지는 활용실익이 떨어지는 경사토지를 말하며 법지에는 토지소유권이 인정되지 않는다.
② 토지에 건물이나 그 밖의 정착물이 없고 사법상의 권리가 설정되어 있지 아니한 토지를 나지라고 하며, 표준지공시지가의 평가는 나지상정평가를 한다. 35회
③ 해안선으로부터 지적공부에 등록된 지역까지의 사이의 토지를 포락지라고 한다.
④ 과수원지역과 주거지지역 상호간에 용도가 바뀌는 과정에 있는 지역의 토지를 이행지라고 한다.
⑤ 지적공부에 등록된 토지가 물에 침식되어 수면 밑으로 잠긴 토지를 빈지라고 한다.

05 다음 토지의 용어설명 중 옳은 것은?

① 자연의 유수(流水)가 있거나 있을 것으로 예상되는 소규모 수로부지를 하천이라고 한다.
② 부지란 일정한 용도로 제공되고 있는 바닥토지를 말하며, 하천, 도로 등의 바닥토지에 사용되는 포괄적 용어이다.
③ 필지 중 건물부분의 토지를 제외하고 남은 부분의 토지를 공한지라고 한다.
④ 유휴지는 지력회복을 위해 정상적으로 쉬게 하는 토지를 말한다.
⑤ 용도상 불가분의 관계에 있는 2필지 이상의 일단의 토지를 한계지라고 한다.

06 주택법상 주택의 유형에 관한 설명으로 옳은 것은? 35회 적중(상)

① 국가·지방자치단체의 재정 또는 주택도시기금으로부터 자금을 지원받아 건설하는 모든 주택은 국민주택에 해당된다.
② 세대구분형 공동주택은 주택 내부 공간의 일부를 세대별로 구분하여 생활이 가능한 구조이어야 하며, 그 구분된 공간의 일부를 구분소유 할 수 있다.
③ 다세대주택은 주택으로 쓰는 1개 동의 바닥면적의 합계가 660m^2 이하이고, 층수가 4층 이하인 주택을 말한다.
④ 다가구주택은 주택으로 쓰는 1개 동의 바닥면적 합계가 660m^2 이하인 공동주택이고, 주택으로 쓰는 층수가 3개 층 이하이어야 한다.
⑤ 도시형 생활주택은 300세대 미만의 국민주택규모에 해당하는 주택이며, 아파트형 주택, 단지형 연립주택, 단지형 다세대주택으로 구분한다.

07. 토지의 특성과 그 파생현상의 연결이 옳은 것은 모두 몇 개인가? 35회 적중(100%)

㉠ 용도의 다양성으로 인해 용도적 공급량을 늘릴 수 있다.
㉡ 부증성으로 인해 토지의 물리적 공급곡선은 완전탄력적이다.
㉢ 영속성으로 인해 토지시장에서 물건 간 완전한 대체관계가 제약된다.
㉣ 개별성과 부증성은 토지시장을 불완전경쟁시장으로 만드는 요인이다.
㉤ 부동성으로 인해 감정평가시 지역분석이 필요하다.

① 1개   ② 2개   ③ 3개   ④ 4개   ⑤ 5개

08. 토지의 특성과 그 특성으로부터 파생되는 부동산현상 또는 부동산활동을 연결한 것이다. 옳은 것으로만 연결된 것은?

	토지의 특성	파생현상		
①	부동성:	외부효과 발생	임장활동	감가상각 불필요
②	영속성:	국지적 시장	직접환원법	자본이득과 소득이득
③	개별성:	일물일가 불성립	거래비용 증가	불완전경쟁시장
④	부증성:	집약적 이용 촉진	용도적 공급 가능	시장 간 수급불균형
⑤	용도의 다양성:	지역분석	합병과 분할 지원	가치의 다원적 개념

09. 주택시장에서의 수요의 변화와 수요량의 변화에 대한 설명으로 옳은 것은?

	수요의 변화	수요량의 변화
①	주택가격 하락	수요자의 실질소득 증가
②	주택가격 상승	주택가격 상승예상
③	생산요소비용 증가	주택가격 상승
④	주택담보 대출금리 인상	주택가격 하락
⑤	대출금리의 하락	주택가격 하락예상

10
아파트시장의 수요곡선을 우측으로 이동시키는 요인은 모두 몇 개인가?

㉠ 보완재 가격의 하락	㉡ 부동산가격 상승 예상
㉢ 저당대출 금리의 상승	㉣ 아파트 가격의 하락
㉤ 대체주택 가격의 하락	㉥ 총부채원리금상환비율(DSR) 상승

① 1개 ② 2개 ③ 3개 ④ 4개 ⑤ 5개

11
아파트시장에서 균형가격을 상승시키는 요인은 모두 몇 개인가? (단, 아파트는 정상재이며, 다른 조건은 동일함) 35회 적중(100%)

| ㉠ 건설노동자 임금 상승 | ㉡ 수요 측면에서 보완재 가격의 상승 |
| ㉢ 아파트건설용 토지가격의 상승 | ㉣ 대체주택에 대한 수요 증가 |

① 1개 ② 2개 ③ 3개 ④ 4개 ⑤ 5개

12
시장균형점의 이동에 관한 설명으로 옳은 것은? 35회 적중(100%)

① 수요가 증가하고 공급이 감소하면 균형가격은 알 수 없다.
② 수요증가와 공급증가가 동일하면 균형가격은 알 수가 없다.
③ 공급이 완전비탄력적인 경우 수요가 증가하면 균형가격은 변하지 않는다.
④ 수요와 공급이 동시에 증가하는 경우, 공급의 증가폭이 수요의 증가폭보다 크면, 균형가격은 하락하고 균형거래량은 증가한다.
⑤ 공급이 가격에 대해 완전비탄력적인 경우 수요가 증가하면 거래량은 증가한다.

13
주택시장에서의 수요함수는 $Q_D = 800 - 5P$이고 공급함수는 $Q_S = 500 + 10P$인 경우 균형가격과 정부가 임대료를 10으로 규제하는 경우 '시장상황'을 각각 구하면?

① 균형가격 10 초과수요 300
② 균형가격 10 초과수요 150
③ 균형가격 20 초과수요 150
④ 균형가격 20 아무효과 없음
⑤ 균형가격 15 초과공급 150

14 A지역의 기존 아파트 시장의 수요함수는 $Q_D = 40 - \frac{3}{5}P$, 공급함수는 $Q_S = 20 + \frac{2}{5}P$이었다. 이후 수요함수는 변하지 않고 공급함수가 $Q_S = 10 + \frac{2}{5}P$로 변하였다. 다음 설명으로 옳은 것은?

35회 적중(100%), 감평 36회

① 공급곡선이 우측으로 이동하였다.
② 균형가격은 상승하였다.
③ 균형거래량은 증가하였다.
④ 변경 전 균형가격은 30이다.
⑤ 변경 후 균형거래량은 28이다.

15 부동산 수요와 부동산 공급의 탄력성에 관한 설명으로 옳은 것은?

① 가격탄력도의 값이 0이라는 의미는 가격의 변동률이 전혀 없다는 의미이다.
② 주택의 대체재가 증가하면 주택수요의 가격탄력성은 커진다.
③ 주택의 공급기간 또는 생산시간이 길수록 공급의 가격탄력성은 커진다.
④ 부동산 수요의 가격탄력성은 용도에 따라 달라지며, 주거용 부동산이 공업용 부동산보다 더 비탄력적이다.
⑤ 토지이용규제가 엄격해지면 토지의 공급곡선의 기울기의 값은 작아진다.

16 부동산 수요와 부동산 공급의 탄력성에 관한 설명으로 옳은 것은?

① 공급의 가격탄력성이 수요의 가격탄력성보다 큰 경우 수요자보다 공급자의 세금부담이 더 크다.
② 세금부과시 시장에서의 경제적 순손실 또는 시장왜곡은 공급이 비탄력적일수록 커진다.
③ 임대주택 수요의 가격탄력성이 1보다 큰 경우 임대료가 하락하면 임대업자의 총수입은 증가한다.
④ 임대주택 수요의 가격탄력성이 1인 경우 임대주택의 임대료가 하락하면 임대업자의 총수입은 증가한다.
⑤ 부동산 수요가 증가하면, 부동산 공급곡선이 탄력적일수록 시장균형가격의 변화폭이 커진다.

17 수요의 가격탄력성과 공급의 가격탄력성이 각각 2.0인 경우, 가격이 10% 상승한다면 수요량의 변화율과 공급량의 변화율은 각각 얼마인가?

	수요량의 변화율	공급량의 변화율
①	10% 상승	10% 상승
②	10% 하락	10% 하락
③	20% 상승	20% 상승
④	20% 하락	20% 하락
⑤	20% 하락	20% 상승

18 아파트 매매가격이 16% 상승함에 따라 아파트부지의 매매수요량이 8% 감소하고 아파트 매매수요량이 4% 감소한 경우에, 아파트 매매수요의 가격탄력성, 아파트부지 매매수요의 교차탄력성, 아파트와 아파트부지의 관계는?

	가격탄력성	교차탄력성	관계
①	0.25	−0.5	보완재
②	0.25	0.25	대체재
③	0.25	0.5	대체재
④	0.5	0.25	대체재
⑤	0.5	0.5	보완재

19 아파트 매매시장에서 아파트의 가격탄력성 1.2, 소득탄력성 2.0, 단독주택가격에 대한 교차탄력성이 1.0이다. 아파트의 가격이 10% 상승하고, 단독주택가격이 5% 상승한 경우 아파트의 전체수요량은 변화가 없다면 소득의 변화율은 얼마인가? 35회 적중(100%)

① 2.0% 증가 ② 2.5% 증가
③ 3.5% 증가 ④ 3.5% 감소
⑤ 2.5% 감소

20 효율적 시장이론에 관한 설명으로 옳은 것은?

① 약성 효율적 시장에서는 기본적 분석으로 초과이윤을 얻을 수 없다.
② 부동산시장이 약성 효율적 시장이라면 새로운 정보는 공개되는 즉시 시장에 반영된다.
③ 강성 효율적 시장은 완전경쟁시장을 의미한다.
④ 부동산시장에서 특정 투자자는 우수한 정보를 통해 초과이윤을 획득할 수 있는데, 그 이유는 부동산시장이 불완전하기 때문이다.
⑤ 특정 투자자가 얻는 초과이윤이 이를 발생시키는 데 소요되는 정보비용과 같다면 그 시장은 불완전시장이라도 배분 효율적 시장이 될 수 있다.

21 A토지에 접하여 도시·군계획시설(도로)이 개설될 확률은 60%로 알려져 있고, 1년 후에 해당 도로가 개설되면 A토지의 가치는 2억 7,500만원, 그렇지 않으면 9,350만원으로 예상된다. 만약 부동산시장이 할당 효율적이라면 합리적인 투자자가 최대한 지불할 수 있는 정보비용의 현재가치는? (단, 요구수익률은 연 10%이고, 주어진 조건에 한함) 35회 적중(100%)

① 5,200만원 ② 5,600만원 ③ 6,200만원
④ 6,600만원 ⑤ 7,200만원

22 부동산 경기변동에 관한 설명으로 옳은 것은?

① 회복시장에서 직전국면 저점의 거래사례가격은 현재 시점에서 새로운 거래가격의 상한이 되는 경향이 있다.
② 부동산경기는 일반경기와 같이 일정한 주기와 동일한 진폭으로 규칙적이고 안정적으로 반복되며 순환된다.
③ 부동산 경기변동은 일반경기변동에 비해 저점이 얕고 정점이 높은 경향이 있다.
④ 상향시장면은 매수자의 숫자보다 매도자의 숫자가 더 적은 시장이며, 따라서 상향시장은 매도자 중시시장이 된다.
⑤ 총부채상환비율(DTI) 규제 강화 후 주택거래 건수 감소는 경기변동요인 중 추세변동요인에 속한다.

23 거미집모형에 관한 설명으로 옳은 것은? (단, 다른 조건은 동일함)

① 수요와 공급의 동시적 관계로 가정하여 균형의 변화를 정태적으로 분석한 모형이다.
② 부동산시장에서 부동산가격이 폭등한 상태가 그대로 유지되는 현상을 설명한다.
③ 수요의 가격탄력성이 공급의 가격탄력성보다 크면 발산형이다.
④ 가격이 변동하면 수요와 공급은 모두 즉각적으로 반응한다는 가정을 전제하고 있다.
⑤ 공급자는 현재의 가격에만 반응하고 미래상황을 예측하지 않는다는 것을 전제한다.

24 거미집이론에 따른 모형의 형태는? 감평 36회

A시장	수요함수: $3Q = 30 - 5P$
	공급함수: $5Q = 15 + 3P$
B시장	가격이 10% 상승하면 수요량이 5% 감소
	가격이 10% 상승하면 공급량은 8% 증가

	A시장	B시장
①	수렴	수렴
②	발산	발산
③	수렴	발산
④	발산	수렴
⑤	순환	발산

25 입지이론에 관한 설명으로 옳은 것은?

① 베버는 수요원추체의 개념을 이용하고, 뢰쉬는 등비용선의 개념을 이용한다.
② 베버: 원료지수가 1보다 큰 산업은 시장지향적 입지가 유리하다.
③ 크리스탈러: 최소요구치가 재화의 도달범위 내에 있어야 중심지가 성립한다.
④ 레일리: 상점의 유인력은 상점과의 거리의 제곱에 비례한다.
⑤ 컨버스: 상권의 경계지점 또는 분기점은 큰 도시에 가깝게 형성된다.

26 입지이론에 관한 설명으로 틀린 것은?

① 베버는 최소운송비 지점, 최소노동비 지점, 집적이익이 발생하는 구역을 종합적으로 고려해서 최소비용지점을 결정한다.
② 베버의 등비용선(isodapane)은 최소운송비 지점으로부터 기업이 입지를 바꿀 경우, 노무비의 증가분이 동일한 지점을 연결한 곡선을 의미한다.
③ 허프는 소비자가 특정 점포를 이용할 확률은 소비자와 점포와의 거리, 경쟁점포의 수와 면적에 의해서 결정된다고 보았다.
④ 허프모형에서 공간(거리)마찰계수는 시장의 교통조건과 쇼핑물건의 특성에 따라 달라지며, 편의품이 전문품보다 마찰계수의 값이 더 크다.
⑤ 넬슨은 특정 점포가 최대 이익을 얻을 수 있는 매출액을 확보하기 위해서는 어떤 장소에 입지하여야 하는지를 제시하였다.

27 레일리(W. Reilly)의 소매중력모형에 따라 C신도시의 소비자가 A도시와 B도시에서 소비하는 월 추정소비액은 각각 얼마인가? (단, C신도시의 인구는 모두 소비자이고, A, B도시에서만 소비하는 것으로 가정함)

- A도시 인구: 50,000명, B도시 인구: 32,000명
- C신도시: A도시와 B도시 사이에 위치
- A도시와 C신도시 간의 거리: 5km
- B도시와 C신도시 간의 거리: 2km
- C신도시 소비자의 잠재 월 추정소비액: 10억원

① A도시: 1억원   B도시: 9억원
② A도시: 1억 5천만원   B도시: 8억 5천만원
③ A도시: 2억원   B도시: 8억원
④ A도시: 2억 5천만원   B도시: 7억 5천만원
⑤ A도시: 3억원   B도시: 7억원

28 지대이론에 관한 설명으로 틀린 것은? 35회 적중(100%)

① 리카도는 각 토지마다 다른 비옥도의 차이와 생산요소 투입에 따라 한계생산성이 증가하는 수확체감현상을 적용한다. 감평 36회
② 막스에 의하면 절대지대는 토지의 생산성과 무관하게 토지가 개인에 의해 배타적으로 소유되는 것으로부터 발생하며, 최열등지에도 지대가 발생한다.
③ 튀넨에 의하면 서로 다른 지대곡선을 가진 농산물들이 입지경쟁을 벌이면서 각 지점에 따라 가장 높은 지대를 지불하는 농업적 토지이용에 토지가 할당된다.
④ 튀넨의 위치지대설에 의하면 중심지에 가까울수록(중심지와의 접근성이 좋을수록) 집약농업이 입지하고, 교외로 갈수록 조방농업이 입지한다.
⑤ 준지대는 토지 이외의 사람이 만든 기계나 기구들로부터 얻는 소득이며, 토지개량공사로 인해 추가적으로 발생하는 일시적인 소득은 준지대로 본다.

29 지대이론에 관한 설명으로 옳은 것은?

① 알론소의 입찰지대곡선은 여러 개의 지대곡선 중 가장 낮은 부분을 연결한 포락선이다.
② 헤이그의 마찰비용이론에서 마찰비용은 지대와 교통비의 합으로 산정된다.
③ 경제지대는 어떤 생산요소가 다른 용도로 전용되지 않고 현재의 용도에 그대로 사용되도록 지급하는 최소한의 지급액이다.
④ 튀넨은 자연조건이 동일한 고립국을 가정하여 상업활동의 공간적 분포를 통한 토지이용을 설명한다. 감평 36회
⑤ 리카르도는 지대를 생산비용으로 보기 때문에 지대가 상승하면 생산물의 가격도 상승한다고 주장하였다.

30 도시공간구조 및 입지에 관한 설명으로 옳은 것은? 35회 적중(100%)

① 버제스의 동심원이론에 의하면 점이지대(천이지대)는 고급주택지구보다 도심으로부터 원거리에 위치한다.
② 선형이론에서의 점이지대는 중심업무지구에 직장 및 생활터전이 있어 중심업무지구에 근접하여 거주하는 지대를 말한다.
③ 버제스의 동심원이론은 침입, 경쟁, 천이과정을 수반하는 생태학적 논리에 기반하고 있다.
④ 다핵심이론에서는 다핵의 발생요인으로 유사활동 간 분산지향성, 이질활동 간 입지적 비양립성 등을 들고 있다.
⑤ 시몬스의 다차원이론에 의하면 교통기관의 현저한 발달로 종래 도시 내부에 집약되어 있던 업무시설과 주택이 간선도로를 따라 리본모양으로 확산, 입지하는 경향이 있다.

31 도시공간구조 및 입지에 관한 설명으로 옳은 것은?

① 선형이론은 도심은 하나이며 교통의 선이 도심에서 방사되는 것을 전제로 하여 도시의 성장을 설명하였다.
② 호이트(H. Hoyt)는 저소득층의 주거지가 형성되는 요인으로 도심과 부도심 사이의 도로, 고지대의 구릉지, 주요 간선도로의 근접성을 제시하였다.
③ 튀넨과 알론소는 다핵도시의 토지이용형태를 설명함에 있어 입찰지대의 개념을 적용하였다.
④ 해리스(C. Harris)와 울만(E. Ullman)의 다핵심이론에 교통축을 적용하여 개선한 이론이 호이트의 선형이론이다.
⑤ 튀넨은 지대지불능력에 따라 토지이용이 달라진다는 버제스의 이론을 도시 내부에 적용하였다.

32 부동산시장에 대한 정부의 개입을 직접개입과 간접개입 및 토지관련규제로 구분하는 경우 간접개입방식으로만 묶인 것은? 35회 적중(100%)

① 임대료상한제, 부동산보유세, 담보대출규제
② 담보대출규제, 토지거래허가제, 부동산거래세
③ 개발부담금제, 부동산거래세, 부동산가격공시제도
④ 지역지구제, 토지거래허가제, 부동산가격공시제도
⑤ 부동산보유세, 개발부담금제, 지역지구제

> **참고** 부동산정책 중 금융규제에 해당하는 것은? 35회
> ① 택지개발지구 지정
> ② 토지거래허가제 시행
> ③ 개발부담금의 부담률 인상
> ④ 분양가상한제의 적용 지역 확대
> ⑤ 총부채원리금상환비율(DSR) 강화
>
> 정답 ⑤

33 시장실패 등에 관한 설명으로 틀린 것은?

① 소비의 비경합성과 비배제성의 성질이 나타나는 재화를 공공재라고 하며, 공공재의 경우 그 생산을 시장기구에 맡기면 과소 생산된다.
② 시장실패의 원인으로는 공공재, 외부효과, 독점, 정보의 비대칭, 규모의 경제 등이 있다.
③ 용도지역지구제는 사적 시장이 외부효과에 대한 효율적인 해결책을 제시하지 못할 때, 정부에 의해 채택되는 부동산정책의 한 수단이다.
④ 국토법상 국토는 도시지역, 관리지역, 농림지역, 자연환경보전지역의 용도지역으로 구분하며, 도시는 주거지역, 상업지역, 공업지역, 녹지지역으로 구분한다.
⑤ 국토법상 용도지역과 용도지구 및 용도구역은 상호 중첩하여 지정할 수 없다. 감평 36회

34 외부효과 등에 관한 설명으로 옳은 것은?

① 외부효과란 어떤 경제활동과 관련하여 거래당사자가 아닌 제3자에게 의도하지 않은 혜택이나 손해를 가져다주면서도 이에 대한 대가를 받지도 지불하지도 않는 상태를 말한다.
② 부(-)의 외부효과를 야기하는 제품생산을 시장에 맡기면 과소생산의 시장실패가 발생한다.
③ 부(-)의 외부효과는 핌피(PIMFY)현상을 유발한다.
④ 부(-)의 외부효과가 발생하면 사회적 비용보다 사적 비용이 커지게 된다.
⑤ 부(-)의 외부효과를 유발하는 공장에 대한 규제는 공장에서 생산되는 제품의 공급을 증가시킨다.

35 용도지역지구제 등에 관한 설명이다. 틀린 것은?

① 도시·군계획은 도시·군기본계획과 도시·군관리계획으로 구분한다.
② 도시·군기본계획은 기본적인 공간구조와 장기발전방향을 제시하는 종합계획으로서 도시·군관리계획 수립의 지침이 되는 계획을 말한다.
③ 지구단위계획이란 도시·군계획 수립 대상지역의 일부에 대하여 토지 이용을 합리화하고 그 기능을 증진시키며 미관을 개선하고 양호한 환경을 확보하며, 그 지역을 체계적·계획적으로 관리하기 위하여 수립하는 도시·군관리계획을 말한다. 35회
④ 성장관리계획이란 성장관리계획구역에서의 난개발을 방지하고 계획적인 개발을 유도하기 위하여 수립하는 계획을 말한다.
⑤ 공간재구조화계획이란 토지의 이용 및 건축물이나 그 밖의 시설의 용도·건폐율·용적률·높이 등을 강화하는 용도구역의 효율적이고 계획적인 관리를 위하여 수립하는 계획을 말한다.

감평 36회

참고 국토의 계획 및 이용에 관한 법령상 기반시설의 유형으로 옳지 않은 것은? 감평 36회

① 공공, 문화체육시설: 광장, 공원, 녹지, 유원지, 공공공지
② 유통, 공급시설: 유통업무설비, 수도, 전기, 가스, 열공급설비, 방송, 통신시설, 공동구, 시장, 유류저장 및 송유설비
③ 보건위생시설: 장사시설, 도축장, 종합의료시설
④ 방재시설: 하천, 유수지, 저수지, 방화설비, 방풍설비, 방수설비, 사방설비, 방조설비
⑤ 교통시설: 도로, 철도, 항만, 공항, 주차장, 자동차정류장, 궤도, 차량 검사 및 면허시설

🔒 정답 ①

36 부동산정책에 관한 설명으로 옳은 것은?

① 개발이익이란 개발사업의 시행이나 토지이용계획의 변경, 그 밖에 사회적·경제적 요인에 따라 정상지가 상승분을 초과하여 개발사업을 시행하는 자나 토지점유자에게 귀속되는 토지 가액의 증가분을 말한다. 감평 36회
② 토지선매에 있어 시장, 군수, 구청장은 토지거래계약허가를 받아 취득한 토지를 그 이용목적대로 이용하고 있지 아니한 토지에 대해서 선매자에게 강제로 수용하게 할 수 있다.
③ 도시개발사업은 토지를 사전에 비축하여 장래 공익사업의 원활한 시행과 토지시장의 안정에 기여할 수 있다.
④ 재건축부담금은 정비사업 중 재건축사업에서 발생되는 초과이익을 환수하기 위한 제도이며, 재건축 초과이익 환수에 관한 법률에 의해 시행되고 있다.
⑤ 토지적성평가는 도시·군계획 수립 대상지역의 일부에 대하여 토지 이용을 합리화하고 그 기능을 증진시키며 미관을 개선하고 양호한 환경을 확보하며, 그 지역을 체계적·계획적으로 관리하기 위하여 수립하는 계획이다.

37 토지이용계획의 결정 등으로 종래의 용도규제가 강화됨으로 인해 발생한 손실을 보상하는 제도인 개발손실보상제에 해당되는 것은?

① 택지소유상한제도
② 토지거래허가구역 지정
③ 공공토지비축제도
④ 개발부담금제도
⑤ 개발권양도제(TDR)

38 현재 우리나라에서 시행되고 있지 않는 부동산 정책수단은 모두 몇 개인가?

㉠ 택지소유상한제	㉡ 부동산거래신고제	㉢ 토지초과이득세
㉣ 주택의 전매제한	㉤ 부동산실명제	㉥ 개발권양도제
㉦ 종합토지세	㉧ 공한지세	㉨ 재개발부담금

① 2개   ② 3개   ③ 4개   ④ 5개   ⑤ 6개

39 우리나라의 부동산제도와 근거법률의 연결이 틀린 것은?

① 부동산거래신고 등에 관한 법률 - 선매제도
② 개발이익 환수에 관한 법률 - 개발부담금
③ 부동산 실권리자명의 등기에 관한 법률 - 부동산실명제
④ 국토의 계획 및 이용에 관한 법률 - 토지거래허가제
⑤ 주택법 - 분양가상한제

40 유량의 경제변수는 모두 몇 개인가? 35회 적중(100%)

㉠ 신규공급량	㉡ 순영업소득	㉢ 가격
㉣ 주택보급률	㉤ 주택재고	㉥ 도시인구
㉦ 임대료	㉧ 통화량	

① 1개　　② 2개　　③ 3개　　④ 4개　　⑤ 5개

41 주거분리와 하향여과에 관한 설명으로 옳은 것은?
① 저소득층 주거지역에서 주택의 보수를 통한 가치 상승분이 보수비용보다 크다면 상향여과가 발생할 수 있다. 감평 36회
② 고소득층 주거지역과 인접한 저소득층 주택은 할인되어 거래될 것이다.
③ 민간주택에서 불량주택이 발생하는 것은 시장실패 상황이다.
④ 상향여과는 상위소득계층이 사용하던 기존주택이 하위소득계층의 사용으로 전환되는 것을 말한다.
⑤ 주거분리란 상업지역과 주거지역이 분리되는 현상을 말하며, 도시 전체뿐만 아니라 지리적으로 인접한 근린지역에서도 발생한다.

42 임대주택정책에 관한 설명으로 옳은 것은? 35회 적중(80%)
① 소득대비 주택가격비율(PIR)이 낮아질수록 가구의 주거비부담은 커진다.
② 주거바우처제도를 시행하면 저가주택의 공급량이 감소하고 주거의 질은 개선된다.
③ 임대료를 규제하면 초과수요가 발생하고 기존 임차자들의 주거이동이 제한된다.
④ 공공임대주택은 민간임대주택과 동일수준의 가격으로 제공하여야 한다.
⑤ 공공임대주택의 종류에는 영구임대, 국민임대, 행복주택, 통합공공임대, 장기전세, 공공지원민간임대주택, 민간매입임대주택 등이 있다. 35회

43 분양주택정책에 대한 설명이다. 틀린 것은?
① 분양가규제(분양가상한제)는 투기를 유발할 수 있기 때문에 이를 방지하기 위해서 전매제한을 강화한다.
② 분양가를 규제하면 공급의 가격탄력성이 탄력적일수록 초과수요량이 더 커진다.
③ 공공택지 중에서 주택가격 상승 우려가 있어 국토교통부장관이 지정하는 지역에서는 분양가상한제를 적용하여야 한다.
④ 도시형 생활주택은 분양가상한제를 적용하지 않는다.
⑤ 선분양제도는 초기자금부담을 완화할 수 있다는 측면에서 공급자에게 유리하다.

44 우리나라의 부동산조세제도에 관한 설명으로 옳은 것은? 35회 적중(100%)

① 취득세와 등록면허세 및 양도소득세는 신고납부방식이다.
② 상속세와 재산세는 부동산의 취득단계에 부과한다. 감평 36회
③ 종합부동산세의 납세지는 부동산소재지이다.
④ 부가가치세, 증여세, 상속세, 등록면허세, 종합부동산세는 모두 국세이다.
⑤ 종합부동산세와 재산세의 과세기준일은 매년 7월 1일이다.

45 부동산조세에 관한 설명으로 옳은 것은? 35회 적중(100%)

① 거래세를 인상하면 수요자와 공급자의 잉여는 모두 감소하며, 사회 전체적으로는 경제적 후생손실이 발생하는데 이러한 후생손실은 비탄력적일수록 더 커진다.
② 공공임대주택의 공급 확대 정책은 임대주택의 재산세가 임차인에게 전가되는 현상을 심화시킨다.
③ 임대인이 탄력적이고 임차인이 비탄력적일 때, 재산세를 부과하면 재산세가 수요자에게 전가되는 부분이 상대적으로 많다.
④ 지가상승에 대한 기대가 퍼져 있는 상황에서 양도소득세가 중과되어 동결효과가 발생하면 지가가 하락한다.
⑤ 헨리 조지는 토지에 대한 보유세는 자원배분 왜곡이 심한 비효율적 세금이므로 토지세를 없애자고 주장하였다.

46 부동산투자에 관한 설명으로 옳은 것은?

① 부동산투자는 현재의 불확실한 현금유출과 장래의 확실한 현금유입을 교환하는 행위이다.
② 총자본수익률(종합수익률)이 지분수익률보다 높으면 정(+)의 지렛대효과가 발생한다.
③ 중립적 레버리지인 경우 대부비율 또는 부채비율이 올라가면 자기자본수익률은 상승한다.
④ 지렛대효과를 이용해서 부동산에 투자하는 경우 원리금지급분 및 감가상각비에 대한 절세효과를 기대할 수 있다.
⑤ 부(−)의 레버리지효과가 발생할 경우 부채비율을 낮추어도 정(+)의 레버리지효과로 전환할 수는 없다.

47 부동산투자에서 (㉠)타인자본을 활용하지 않은 경우와 (㉡)타인자본을 40% 활용하는 경우, 각각의 1년간 자기자본수익률(%)은? 감평 35회

- 부동산 매입가격: 10,000만원
- 1년 후 부동산 처분
- 순영업소득: 연 500만원(기간 말 발생)
- 보유기간 동안 부동산가격 상승률: 연 2%
- 대출조건: 이자율 연 4%, 대출기간 1년, 원리금은 만기일시상환

① ㉠: 7.0, ㉡: 7.0 ② ㉠: 7.0, ㉡: 8.0 ③ ㉠: 7.0, ㉡: 9.0
④ ㉠: 7.5, ㉡: 8.0 ⑤ ㉠: 7.5, ㉡: 9.0

48 화폐의 시간가치에 관한 설명으로 옳은 것은?

① 10년 후에 1억원이 될 것으로 예상되는 토지의 현재가치를 계산할 경우 연금의 현재가치계수를 사용한다.
② 5년 후 주택구입에 필요한 자금 3억원을 모으기 위해 매월 말 불입해야 하는 적금액을 계산하려면, 3억원에 감채기금계수를 곱하여 구한다.
③ 원리금균등상환방식으로 주택저당대출을 받은 경우, 저당대출액에 연금의 현가계수를 곱해서 매기 원리금상환액을 계산한다.
④ 연금의 현재가치계수에 감채기금계수를 곱하면 연금의 미래가치계수이다.
⑤ '잔금비율 = 1 − 상환비율'이며, 잔금비율은 $\dfrac{저당상수(잔존기간)}{저당상수(전체기간)}$이다.

49 A는 승계가능한 대출로 주택을 구입하고자 한다. 다음과 같은 조건으로 기존 주택저당대출을 승계받을 때, 이 승계권의 가치는 얼마인가? 감평 36회, 감평 34회

- 기존 주택저당대출
  - 현재 대출잔액: 3억원
  - 원리금균등분할상환방식: 만기 20년, 대출금리 5%, 고정금리대출
- 신규 주택저당대출
  - 대출금액: 3억원
  - 원리금균등분할상환방식: 20년, 대출금리 7%, 고정금리대출
- 월 기준 연금현가계수
  - (5%, 20년): 150
  - (7%, 20년): 125

야매공식
$\left(\dfrac{125}{150} - 1\right) \times 3억원$

① 4,375만원 ② 5,000만원 ③ 5,625만원 ④ 6,250만원 ⑤ 6,875만원

50 다음은 투자부동산의 매입, 운영 및 매각에 따른 현금흐름이다. 이에 기초한 순현재가치는? (단, 0년차 현금흐름은 초기투자액, 1년차부터 7년차까지 현금흐름은 현금유입과 유출을 감안한 순현금흐름이며, 기간이 7년인 연금의 현가계수는 3.50, 7년 일시불의 현가계수는 0.60이고, 주어진 조건에 한함)

(단위: 만원)

기간(년)	0	1	2	3	4	5	6	7
현금흐름	-1,100	120	120	120	120	120	120	1,420

① 100만원 ② 120만원 ③ 140만원 ④ 160만원 ⑤ 180만원

51 투자부동산 A에 관한 투자분석을 위해 관련 자료를 수집한 내용은 다음과 같다. 이 경우 순영업소득은?

- 유효총소득: 360,000,000원
- 대출원리금 상환액: 50,000,000원
- 수도광열비: 36,000,000원
- 수선유지비: 18,000,000원
- 공실손실상당액과 대손충당금: 18,000,000
- 직원 인건비: 80,000,000원
- 감가상각비: 40,000,000원
- 용역비: 30,000,000원
- 재산세: 18,000,000원
- 사업소득세: 3,000,000원

① 138,000,000원 ② 157,000,000원 ③ 160,000,000원
④ 178,000,000원 ⑤ 258,000,000원

52 부동산투자의 현금흐름 추정에 관한 설명으로 옳은 것은?

① 순영업소득은 유효총소득에서 영업경비과 기타소득을 차감한 소득을 말한다.
② 영업경비는 부동산 운영과 직접 관련 있는 경비로, 광고비, 전기세, 수선비가 이에 해당된다.
③ 순영업소득은 지분투자자에게 귀속되는 소득을 말한다.
④ 세전지분복귀액은 순영업소득에서 미상환 저당잔액을 차감하여 지분투자자의 몫으로 되돌아오는 금액을 말한다.
⑤ 부동산투자에 대한 대가는 보유시 대상부동산의 운영으로부터 나오는 자본이득과 처분시의 소득이득의 형태로 나타난다.

53 전체 구성자산의 기대수익률은? (단, 확률은 호황 80%, 불황 20%이다.)

구 분	자산비중	경제상황별 예상수익률	
		호 황	불 황
상 가	20%	20%	2%
오피스텔	40%	16%	6%
아파트	40%	10%	8%

① 9.6%   ② 10.2%   ③ 11.64%   ④ 12%   ⑤ 12.72%

54 부동산투자에 관한 설명으로 옳은 것은?

① A부동산의 예상순수익이 3,000만원이고 투자자의 요구수익률이 6%인 경우, A부동산의 투자가치는 1.8억원이다.
② 기대수익률이 요구수익률보다 크거나, 시장가치가 투자가치보다 큰 경우 투자타당성이 있다.
③ 투자위험은 기대수익을 하향조정하거나 요구수익률을 상향조정해서 반영한다.
④ 부동산투자자가 대상부동산을 원하는 시기와 가격에 현금화하지 못하는 경우는 금융위험에 해당한다.
⑤ 기대수익률은 다른 투자의 기회를 포기한다는 점에서 기회비용이라고 하며, 투자자가 대상부동산에 자금을 투자하기 위해 충족되어야 할 최소한의 수익률이다.

55 부동산투자분석기법에 관한 설명으로 옳은 것은?

① 내부수익률은 현금유입의 현재가치 합과 현금유출의 현재가치 합을 0으로 만드는 할인율을 말한다.
② 화폐의 시간가치를 고려한 방법으로는 순현재가치법, 내부수익률법, 현가회수기간법, 회계적이익률법 등이 있다.
③ 순현재가치가 '1'인 투자안의 수익성지수는 항상 '0'이 된다.
④ 내부수익률법은 내부수익률과 1을 비교하는 투자분석기법이다.
⑤ 현금유입의 현재가치에서 현금유출의 현재가치를 나눈 값이 1보다 크거나 같으면 투자타당성이 있다.

56 부동산투자분석기법에 관한 설명으로 옳은 것은? 35회 적중(100%)

① 투자규모에 차이가 있는 상호 배타적인 투자안의 경우에는 순현재가치법과 수익성지수법을 통한 의사결정은 항상 일치한다.
② 재투자율로 내부수익률법에서는 내부수익률을 사용하지만, 순현가법에서는 기대수익률을 사용한다.
③ 투자안 A의 내부수익률이 7%이고 투자안 B의 내부수익률이 5%인 경우, 결합투자안(A + B)의 내부수익률은 12%가 된다.
④ 투자금액이 동일하고 순현재가치가 모두 0보다 큰 2개의 투자안을 비교·선택할 경우, 부의 극대화 원칙에 따르면 내부수익률보다 순현재가치가 큰 투자안을 채택한다.
⑤ 투자자산의 현금흐름과 상관없이 투자안은 항상 하나의 내부수익률만 존재한다.

57 할인율이 연 10%라고 할 때 순현가와 수익성지수 및 내부수익률을 각각 구하시오(근사치).

사 업	초기 현금지출	2년 후 현금유입
A	4,000만원	5,290만원

	순현재가치	수익성지수	내부수익률
①	372만원	1.322	12%
②	372만원	1.093	12%
③	372만원	1.093	15%
④	809만원	1.202	15%
⑤	809만원	1.202	18%

58 부동산투자분석기법에 관한 설명으로 옳은 것은? 35회 적중(100%)

① 대부비율이 80%인 경우 부채비율은 400%이다.
② 일반적으로 총소득승수가 순소득승수보다 더 크다.
③ 대부비율은 지분투자액에 대한 부채의 비율이다.
④ 자본환원율은 자본의 기회비용을 반영하므로, 순영업소득과 자산의 가격을 곱하여 산정한다.
⑤ 채무불이행률은 대상부동산의 순영업소득으로 영업경비와 부채서비스액을 충당할 수 있는지를 판단하는 지표이다.

59 부동산투자분석기법에 관한 설명으로 옳은 것은?

① 자본회수기간이 목표회수기간보다 긴 투자안은 타당성이 있다.
② 회계적이익률이 목표이익률보다 낮은 투자안은 타당성이 있다.
③ 부채감당률이 1보다 크다는 것은 부채서비스액이 순영업소득보다 크다는 것을 의미한다.
④ 순소득승수가 큰 투자안일수록 자본회수기간이 길고, 환원이율의 값이 작다.
⑤ 자본환원율이 하락할수록 신규개발사업의 추진이 어려워진다.

60 비율분석법을 이용하여 산출한 것으로 옳지 않은 것은? (단, 주어진 조건에 한하며, 연간 기준임)

35회 적중(100%)

- 주택담보대출액: 2억원
- 주택담보대출의 연간 원리금상환액: 1천만원
- 부동산가치: 4억원
- 차입자의 연소득: 5천만원
- 가능총소득: 4천만원
- 공실손실상당액 및 대손충당금: 가능총소득의 25%
- 영업경비: 가능총소득의 50%

① 부채감당률(DCR) = 1.0
② 채무불이행률 = 1.0
③ 총부채상환비율(DTI) = 0.2
④ 부채비율 = 1.0
⑤ 저당상수 = 0.1

61 부동산 포트폴리오에 관한 설명으로 옳은 것은? 35회 적중(상)

① 평균 - 분산 지배원리에 따르면, A투자안과 B투자안의 기대수익률이 같은 경우, A투자안보다 B투자안의 기대수익률의 표준편차가 더 작다면 A투자안이 더 선호된다.
② 시장성분석을 통해 투입요소의 변화가 그 투자안의 내부수익률에 미치는 영향을 분석할 수 있다.
③ 시장 내 투자안들이 가지는 개별적인 위험을 체계적인 위험이라고 하며, 이러한 체계적 위험은 분산투자를 통해 감소시킬 수 없다.
④ 포트폴리오 구성자산들의 수익률분포가 -1의 상관관계에 있을 경우, 자산구성비율을 조정하면 비체계적 위험을 0까지 줄일 수 있다.
⑤ 포트폴리오의 기대수익률은 개별자산의 기대수익률을 가중평균하여 구하고, 포트폴리오의 위험은 개별자산의 총위험을 가중평균하여 구한다.

62 최적포트폴리오의 선택과정에 관한 설명으로 옳은 것은?

① 효율적 프런티어(효율적 전선)이란 평균 – 분산 지배원리에 의해 모든 위험수준에서 최저의 기대수익률을 얻을 수 있는 포트폴리오의 집합을 말한다.
② 효율적 프론티어는 우하향의 형태로 나타나며 이는 위험과 수익이 비례관계에 있다는 것을 의미한다.
③ 투자자의 무차별곡선은 좌측에 존재할수록 효용이 높으며, 투자자가 공격적 성향의 투자자일수록 투자자의 무차별곡선의 기울기는 완만하다.
④ 효율적 프론티어와 특정 투자자의 무차별곡선이 만나는 모든 점이 그 투자자의 최적 포트폴리오가 된다.
⑤ 포트폴리오이론은 투자시 여러 종목에 분산 투자함으로써 수익을 최대치로 올리고자 하는 자산투자이론이다.

참고 합리적인 투자자가 가장 선호할 자산은? 감평 36회

자산구분	토 지	아파트	오피스	채 권	주 식
수익률	0.82%	0.95%	2.23%	0.99%	1.90%
표준편차	1.17%	2.19%	1.05%	1.05%	8.11%

① 오피스
② 채권
③ 아파트
④ 주식
⑤ 토지

🔒 정답 ①

63 부동산금융에 관한 설명으로 옳은 것은?

① 다른 조건이 일정할 때 융자상환기간이 장기일수록 차입자의 대출상환부담은 커진다.
② 시장에서 인플레이션이 발생하면 기준금리는 변하지 않고 가산금리가 상승한다.
③ 대출자는 기초에 한 번 이자를 받는 것보다 기간 중 4회 나누어 받는 것이 불리하다.
④ 랩어라운드 대출은 기존대출을 상환하고 신규대출을 별도로 제공하는 방식이다. 감평 36회
⑤ 다른 조건이 동일할 경우 변동금리대출이 고정금리대출보다 대출금리가 높다.

64. 다음 조건의 경우 김백중의 최대 대출 가능금액은 각각 얼마인가?

- 대출승인 기준: 담보인정비율(LTV) 40%
- 주택의 담보평가가격: 5억원
- 총부채상환비율(DTI): 40%
- 김백중의 연간 소득: 6천만원
- 상가의 담보평가가격: 5억원
- 부채감당률(DSCR): 1.5
- 상가의 순영업소득: 2천7백만원
- 연간 저당상수: 0.10

	주택담보	상가담보		주택담보	상가담보
①	1.8억원	1.8억원	②	2.0억원	1.8억원
③	2.0억원	2.0억원	④	2.4억원	1.8억원
⑤	2.4억원	2.0억원			

65. 부동산금융에 관한 설명으로 옳은 것은?

① 제2차 저당대출시장은 주택담보 대출시장을 의미한다.
② 총부채상환비율(DTI)과 총부채원리금상환비율(DSR)은 모두 연간 금융부채 원리금상환액 산정 시 주택담보대출 원리금상환액과 기타대출 원리금상환액을 모두 포함한다.
③ 담보인정비율(LTV)은 소득기준으로 채무불이행위험을 측정하는 지표이다.
④ 변동금리대출의 경우 금리 조정주기가 짧을수록 대출자의 위험은 높아진다.
⑤ 고정금리대출은 금리하락기에 조기상환 위험이 높다.

66. 백중이는 주택구입을 위해 10억원을 대출받았다. 대출이자율이 연리 5%인 경우 각각의 값을 구하시오.

(1) 원금균등분할상환조건인 경우 12년차의 원리금(상환기간 20년)
(2) 원리금균등상환조건인 경우 3년차의 이자(저당상수는 0.1을 적용한다)

	(1)	(2)
①	67,250,000원	42,475,000원
②	67,250,000원	44,875,000원
③	72,500,000원	42,500,000원
④	72,500,000원	42,475,000원
⑤	72,500,000원	44,875,000원

67 주택금융에 관한 설명으로 옳은 것은? 35회 적중(100%)

① 원금균등상환과 원리금균등상환의 만기시까지 원리금불입액 총누적금액은 동일하다.
② 원리금균등분할상환방식의 경우 잔금은 직선적으로 감소한다.
③ 원리금균등의 경우 전체기간의 절반이 지나면 원금의 반을 상환하게 된다.
④ 점증상환에서는 초기에 원리금의 납입액이 이자지급액에 미치지 못할 수 있는데, 이 경우 미상환 이자가 원금에 가산되어 부(-)의 상환이 일어날 수 있다. 감평 36회
⑤ 대출조건이 동일할 경우, 대출채권의 듀레이션은 원리금균등분할상환, 원금균등분할상환, 점증상환, 만기일시상환의 순으로 점점 더 짧아진다. 감평 36회

68 주택금융에 관한 설명으로 옳은 것은?

① 저당유동화가 활성화되면 대출기관의 유동성이 증대되고 주택시장에서 주택수요가 증가한다.
② 1차 주택저당 대출시장은 특별목적회사(SPC)를 통해 투자자로부터 자금을 조달하여 대출기관에 공급해주는 시장을 말한다.
③ 부동산개발PF ABCP는 자산유동화에 관한 법률에 근거하며 만기가 긴 채권이다.
④ 부동산개발PF ABS는 상법에 근거하며 만기가 짧은 채권이다.
⑤ 한국주택금융공사는 주택저당증권을 기초로 주택저당채권을 발행한다.

69 유동화증권(MBS)에 관한 설명으로 옳은 것은? 35회 적중(100%)

① MPTB : 조기상환위험은 투자자가 부담하고, 채무불이행위험은 증권발행자가 부담한다.
② MPTS : MBB증권보다 수명이 더 길고 더 많은 초과담보를 확보하고 있다.
③ MPTB : 위험 - 수익 구조가 다양한 트랜치의 증권이다.
④ MBB : 원차입자의 채무불이행이 발생하면 증권발행자가 투자자에게 원리금을 지급하지 않는다.
⑤ MPTS는 부채를 나타내는 증권이므로 유동화기관의 장부에 부채로 표기된다. 감평 36회

70 한국주택금융공사의 주택연금제도에 대한 설명으로 옳은 것은? 35회 적중(100%)

① 주택소유자와 배우자가 모두 만 55세 이상의 대한민국 국적자이어야 한다.
② 다주택자는 주택연금에 가입할 수 없다.
③ 주거용과 업무용 오피스텔도 대상주택에 포함된다.
④ 주택연금은 기간이 경과할수록 대출잔액이 증가한다.
⑤ 주택연금은 한국주택금융공사가 저당권방식과 신탁방식 중 하나를 결정한다.

71 민간투자사업방식 등에 관한 설명으로 옳은 것은?

① 민관합동개발: 제 1섹터 개발이라고도 하며, 민간이 자본과 기술을 제공하고 공공기관이 인·허가 등 행정적인 부분을 담당하는 상호 보완적인 개발을 말한다.
② BOT: 사업시행자가 시설을 준공하여 소유권을 보유하면서 시설의 수익을 가진 후 일정 기간 경과 후 시설소유권을 국가 또는 지방자치단체에 귀속시키는 방식이다.
③ BTL: 시설의 준공과 함께 시설의 소유권이 국가 또는 지방자치단체에 귀속되지만, 사업시행자가 정해진 기간 동안 시설에 대한 운영권을 가지고 수익을 내는 방식이다.
④ BOO: 사업시행자가 시설을 준공하여 소유권을 보유하면서 국가나 지방자치단체에 임대하여 수익을 낸 후 일정 기간 경과 후 시설소유권을 국가 또는 지방자치단체에 귀속시키는 방식이다.
⑤ BTO: 사업시행자가 시설의 준공과 함께 소유권을 국가 또는 지방자치단체로 이전하고, 해당 시설을 국가나 지방자치단체에 임대하여 수익을 내는 방식이다.

72 프로젝트금융에 관한 설명으로 옳은 것은?

① 채권자는 사업주의 개인자산에 대해 채권의 변제를 청구할 수 있다.
② 사업주의 입장에서는 비소구금융 및 부외금융효과가 있다.
③ 실체가 없는 서류상 회사인 프로젝트금융투자회사(PFV)는 법인세를 감면받을 수 없다.
④ 사업주의 신용과 자산을 담보로 필요한 자금을 융통하는 방식이다.
⑤ 개발사업의 현금흐름을 통제하기 위해서 대출자는 개발자금을 직접 관리한다.

73 지분금융, 부채금융, 메자닌금융으로 구분하는 경우 부채금융에 해당되는 것은 모두 몇 개인가?

㉠ 유동화증권(MBS)	㉡ 증자	㉢ 회사채(공모)
㉣ 신탁증서금융	㉤ 후순위대출	㉥ 전환우선주
㉦ 투자신탁	㉧ 주택상환채권	㉨ 신주(보통주)
㉩ 신주인수권부사채	㉪ 부동산신디케이트	㉫ 저당금융

① 2개 ② 3개 ③ 4개 ④ 5개 ⑤ 6개

74 부동산투자회사법에 관한 설명으로 옳은 것은?

① 자기관리 부동산투자회사의 설립자본금은 50억원 이상이다.
② 영업인가를 받거나 등록을 한 날부터 6개월이 지난 위탁관리 부동산투자회사의 자본금은 50억원 이상이어야 한다.
③ 기업구조조정 부동산투자회사는 자산운용 전문인력을 포함한 임직원을 상근으로 두고 자산의 투자·운용을 직접 수행하는 회사를 말한다.
④ 자기관리 부동산투자회사와 기업구조조정 부동산투자회사는 자산운용 전문인력을 상근으로 두어야 한다.
⑤ 부동산투자회사는 설립자본금 이상을 갖추기 전에는 현물출자를 받는 방식으로 신주를 발행할 수 없다.

75 부동산투자회사법에 관한 설명으로 옳은 것은? 35회 적중(75%)

① 자기관리 부동산투자회사는 투자자산을 자산관리회사에 위탁하여야 하며, 자산관리회사의 경우 최저자본금 10억원 및 등록이 필요하다.
② 자기관리 부동산투자회사는 최저자본금준비기간이 끝난 후에는 매 분기 말 현재 총자산의 100분의 80 이상이 부동산(건축 중인 건축물 포함)이어야 한다.
③ 자산운용 전문인력으로 상근하는 공인중개사는 해당분야에 3년 이상 종사한 사람이어야 한다.
④ 부동산투자회사의 주주 1인과 그 특별관계자는 부동산투자회사가 발행한 주식 총수의 100분의 50을 초과하여 주식을 소유할 수 없다는 규정은 기업구조조정 부동산투자회사에는 적용되지 않는다.
⑤ 부동산투자회사는 자기자본의 10배까지 차입이 가능하며, 주주총회의 특별결의를 거치면 자기자본의 2배까지 차입이 가능하다.

> **참고** 전문인력의 요건 35회 기출지문
> - 부동산투자회사에서 3년을 근무한 사람(×)
> - 부동산투자회사 등에 5년 이상 근무하고 그중 3년 이상을 해당업무에 종사한 경력이 있는 사람(○)

76 부동산 개발위험에 관한 설명으로 옳은 것은?

① 부동산개발이란 조성, 건축, 대수선, 리모델링, 용도변경 또는 설치되거나 될 예정인 부동산을 공급하는 것을 말하며, 이때 시공을 담당하는 행위도 포함한다.
② 토지이용의 집약도란 토지의 단위면적에 투입되는 노동과 자본의 양을 말하며, 도심에서 외곽으로 갈수록 커진다.
③ 도시의 성장과 개발이 정부의 계획대로 질서 있게 확산되는 현상을 도시스프롤현상이라고 한다.
④ 부실공사 가능성은 시행사 또는 시공사가 스스로 관리할 수 없는 위험에 해당한다.
⑤ 법적위험을 최소화하기 위해서 시행사는 이미 이용계획이 확정된 토지를 매입하는 것이 필요하다.

77 부동산개발의 긍정요소에 해당되는 것은 모두 몇 개인가?

㉠ 조합원 이주비용 감소	㉥ 기부채납 감소
㉡ 용적률 감소	㉦ 공사기간 연장
㉢ 대출금리 상승	㉧ 분양가격 상승
㉣ 공사비 하락	㉨ 분양률 상승
㉤ 건설자재 가격하락	㉩ 조합원부담금 증가

① 3개 ② 4개 ③ 5개 ④ 6개 ⑤ 7개

78 부동산개발에 관한 설명으로 옳은 것은?

① 부동산분석은 일반적으로 시장분석 ⇨ 시장성분석 ⇨ 지역경제분석 ⇨ 타당성분석 ⇨ 투자분석의 과정을 거친다.
② 흡수율분석은 부동산시장의 추세를 파악하는 데 도움을 주는 것으로, 과거의 추세를 분석해서 미래를 예측하는 것이 주된 목적이다.
③ 타당성분석은 개발된 부동산이 현재나 미래의 시장상황에서 매매·임대될 수 있는 가능성 정도를 조사하는 것을 말한다.
④ 타당성분석에 활용된 투입요소의 변화가 그 결과치에 어떠한 영향을 주는가를 분석하는 기법을 흡수율분석이라고 한다.
⑤ 개발사업에 대한 타당성분석 결과가 개발업자에 따라 달라져서는 안 된다.

79 X와 Y지역의 산업별 고용자수가 다음과 같을 때, X지역의 입지계수(LQ)에 따른 기반산업의 개수와, X지역 D산업의 입지계수는? (단, 주어진 조건에 한함)

구 분	X지역	Y지역	전지역
A산업	30	50	80
B산업	50	40	90
C산업	60	50	110
D산업	100	20	120
E산업	80	60	140
전산업 고용자수	320	220	540

① 1개, 1.2   ② 1개, 1.4   ③ 2개, 0.8
④ 2개, 1.4   ⑤ 3개, 1.2

80 민간의 토지개발방식에 관한 설명으로 옳은 것은? 35회 적중(100%)

① 부동산신탁에 있어서 당사자는 부동산 소유자인 위탁자와 부동산 신탁회사인 신탁자 및 신탁재산의 수익권을 배당 받는 수익자로 구성되어 있다.
② 토지개발신탁은 상가 등 건축물 분양의 투명성과 안정성을 확보하기 위하여 신탁회사에게 사업부지의 신탁과 분양에 따른 자금관리업무를 부담시키는 것이다.
③ 관리신탁은 처분방법이나 절차가 까다로운 부동산에 대한 처분업무 및 처분완료시까지의 관리업무를 신탁회사가 수행하는 것이다.
④ 개발사업의 방식 중 사업위탁방식과 신탁개발방식의 공통점은 토지소유자가 개발사업의 전문성이 있는 제3자에게 토지소유권을 이전하고 사업을 위탁하는 점이다.
⑤ 저당권설정방식은 담보신탁방식보다 소요되는 경비가 많고, 채무불이행시 부동산 처분 절차가 복잡하다.

81. 부동산개발 사업방식에 관한 설명으로 옳은 것은? 35회 적중(100%)

① 공사비대물변제방식은 토지소유자는 토지를 제공하고 개발업자는 건물을 건축한 후 분양하고 분양수입금을 기여도에 따라 배분하는 방식이다.
② 정비사업의 종류에는 주거환경개선사업, 재개발사업, 재건축사업, 공공주거환경개선사업, 공공재개발사업, 공공재건축사업이 있다.
③ 환지방식으로 개발된 토지 중 토지소유자에게 재분배하는 토지를 보류지라고 한다.
④ 개발의 속도와 개발이익의 환수라는 측면에서 환지방식이 수용방식보다 유리하고, 사업비부담의 측면과 매각부담의 측면에서는 수용방식이 환지방식보다 유리하다.
⑤ 도시저소득 주민이 집단거주하는 지역으로서 정비기반시설이 극히 열악하고 노후·불량건축물이 과도하게 밀집한 지역의 주거환경을 개선하기 위한 사업을 주거환경개선사업이라고 한다.

82. 부동산관리에 관한 설명으로 옳은 것은? 35회 적중(100%)

① 자산관리자의 중요한 업무내용으로는 포트폴리오관리, 재투자여부 결정, 외주관리, 에너지관리 등이 있다. 감평 36회
② 재산관리란 각종 부동산시설을 운영하고 유지하는 것으로 시설사용자나 건물주의 요구에 단순히 부응하는 정도의 소극적이고 기술적인 측면의 관리를 말한다.
③ 위탁관리의 장점은 전문적인 관리와 인건비 절감이고, 단점은 기밀유지의 어려움과 종합적 관리의 어려움 등이다.
④ 토지의 경계측량은 법률적 관리이고, 부동산의 운영에 필요한 인력관리는 기술적 관리이다.
⑤ 건물의 이용에 의한 마멸, 파손, 노후화, 우발적 사고 등으로 사용이 불가능할 때까지의 기간을 기능적 내용연수라고 한다.

83. 부동산관리에 관한 설명으로 옳은 것은?

① 순임대차는 일반적으로 기본임대료에 추가임대료를 더하여 임대료를 산정한다.
② 주거용 부동산의 임대차 계약방식은 비율임대차가 일반적이다.
③ 화재로 인한 교체공사 기간 중 발생하는 임대료 손실에 대해 보상을 받기 위해서는 책임보험에 가입해야 한다.
④ 대응적 유지활동은 시설을 교환하고 수리하는 사전적 유지활동을 의미한다.
⑤ 건물의 수명현상은 전개발단계, 신축단계, 안정단계, 노후화단계, 완전폐물단계로 구성되며, 건물의 관리는 안정단계의 기간을 연장시키는 것이 주목적이다.

84 분양면적 300m²인 매장용 부동산의 예상임대료는? (단, 비율임대차방식 적용) 35회 적중(20%)

- 예상매출액: 분양면적 m²당 500,000원
- 기본임대료: 분양면적 m²당 4만원
- 손익분기점 매출액: 1억원
- 손익분기점 매출액 초과 매출액에 대한 추가임대료율: 20%

① 1,200만원　　② 1,500만원　　③ 2,200만원
④ 2,500만원　　⑤ 3,000만원

85 부동산마케팅의 세 가지 전략에 관한 설명으로 옳은 것은?

① 시장세분화 전략은 부동산시장에서 마케팅활동을 수행하기 위하여 경쟁하고 있는 공급자의 집단을 세분하는 것이다.
② 프로모우션(promotion)은 목표시장에서 고객의 욕구를 파악하여 경쟁 제품과 차별성을 가지도록 제품 개념을 정하고 소비자의 지각 속에 적절히 위치시키는 것이다.
③ 고객점유마케팅 전략에서는 공급자와 소비자의 관계를 일회적이 아닌 지속적인 관계로 유지하려 한다.
④ 4P mix 전략은 시장세분화(segmentation), 표적시장 선정(targeting), 포지셔닝(positioning)으로 구성된다.
⑤ 고객점유마케팅의 핵심요소인 AIDA의 원리는 주의(attention), 관심(interest), 욕망(desire), 행동(action)의 단계가 있다. 감평 36회

86 부동산 마케팅 믹스 전략에 관한 설명으로 옳은 것은? 35회 적중(100%)

① 마케팅 믹스는 유통경로(Place), 판매촉진(Promotion), 가격(Price)의 세 가지 요소로 구성된다.
② 마케팅 믹스란 광고효과를 극대화하기 위해 신문광고, 팜플렛광고 등의 광고매체를 조합하는 것을 말한다.
③ 마케팅믹스의 가격관리에서 신축가격(적응가격)정책은 위치, 방위, 층, 지역 등에 따라 각기 다른 가격으로 판매하는 정책이다.
④ 부동산중개업소를 적극적으로 활용하는 전략은 판매촉진(Promotion)전략에 해당된다.
⑤ 체크포인트(check-point)는 상품으로서 부동산이 지니는 여러 특징 중 구매자(고객)의 욕망을 만족시켜 주는 특징을 말한다.

87 감정평가 3방식에 관한 설명으로 옳은 것은?

① 적산법이란 대상물건의 기초가액에 기대이율을 곱하여 산정된 기대수익에 필요한 경비를 더하여 대상물건의 임대료를 산정하는 방법을 말한다.
② 원가법이란 대상물건의 건축공사비에 감가수정을 하여 대상물건의 가액을 산정하는 감정평가방법을 말한다.
③ 감가수정이란 재조달원가를 감액하여야 할 요인이 있는 경우에 물리적 감가, 기능적 감가 또는 경제적 감가 등을 고려하여 그에 해당하는 금액을 재조달원가에서 가산하여 기준시점에 있어서의 대상물건의 가액을 적정화하는 작업을 말한다.
④ 공시지가기준법이란 표준지공시지가를 기준으로 사정보정, 시점수정, 지역요인 및 개별요인 비교, 그 밖의 요인의 보정을 거쳐 대상토지의 가액을 산정하는 감정평가방법을 말한다.
⑤ 수익분석법이란 대상물건이 현재 산출하고 있는 순수익이나 현재의 현금흐름을 환원하거나 할인하여 대상물건의 가액을 산정하는 방법이다.

88 감정평가규칙에 관한 설명으로 옳은 것은?

① 시장가치란 대상물건이 일반적인 시장에서 충분한 기간 동안 공개된 후 그 대상물건의 내용에 정통한 당사자 사이에 자발적인 거래가 있을 경우 성립될 가능성이 가장 높다고 인정되는 평균가액을 말한다.
② 적정한 실거래가란 '부동산 거래신고 등에 관한 법률'에 따라 신고된 실제 거래가격으로서 거래시점이 도시지역은 3년 이내, 그 밖의 지역은 5년 이내인 거래가격이어야 한다. 감평 36회
③ 시장성의 원리에 기초한 감정평가방식은 거래사례비교법과 임대사례비교법 및 공시지가기준법을 말한다.
④ 동일수급권은 감정평가의 대상이 된 부동산이 속한 지역으로서 부동산의 이용이 동질적이고 가치형성요인 중 지역요인을 공유하는 지역을 말한다.
⑤ 가치발생요인이란 대상물건의 경제적 가치에 영향을 미치는 일반요인, 지역요인 및 개별요인 등을 말한다.

89 감정평가규칙에 관한 설명으로 옳은 것은? 35회 적중(50%)

① 기준시점이란 감정평가액을 결정하는 기준이 되는 날짜이며, 기준시점은 가격조사를 완료한 날짜 또는 감정평가를 완료한 날짜로 한다.
② 기준가치란 감정평가의 기준이 되는 가치를 말하며, 감정평가의 기준가치는 평가의뢰인이 요구하는 가격이다.
③ 일체로 이용되고 있는 대상물건의 일부분에 대하여 감정평가하여야 할 특수한 목적이나 합리적인 이유가 있는 경우에는 그 부분만 감정평가할 수 있다.
④ 감정평가는 평가시점에서의 대상물건의 이용상황 및 공법상 제한을 받는 상태를 기준으로 하며, 불법적인 이용이나 일시적인 이용은 이를 고려하지 않는다.
⑤ 시산가액은 감정평가 3방식에 의하여 도출된 각각의 가액이며 이를 조정하는 경우 각각의 가격을 산술평균하여야 한다.

90 물건별 감정평가에 관한 설명으로 옳은 것은? 35회 적중(100%)

① 시산가액 조정시, 공시지가기준법과 그 밖의 비교방식에 속한 감정평가방법은 동일한 감정평가방식으로 본다. 감평 36회
② 감정평가법인등은 토지와 건물을 일괄하여 감정평가할 때에는 수익환원법을 적용하여야 한다.
③ 토지, 과수원, 임대료, 자동차의 주된 감정평가방법은 동일하다.
④ 감정평가법인등은 산림을 감정평가할 때에 산지와 입목(立木)을 구분하여 감정평가해야 한다. 이 경우 입목은 거래사례비교법을 적용한다.
⑤ 감정평가법인등은 광업재단을 감정평가할 때에는 재단을 구성하는 개별 물건의 감정평가액을 합산하여 감정평가해야 한다.

91 가격제원칙에 관한 설명으로 옳은 것은?

① 기여의 원칙에 의하면 부동산의 가격은 부동산 구성요소의 생산비를 모두 합친 것과 같은 금액이며, 추가투자여부를 판단할 때 유용한 가격제원칙이다.
② 예측의 원칙은 부동산의 가치는 항상 변동의 과정에 있다는 원칙이다. 따라서 부동산을 감정평가하는 경우 항상 평가의 기준이 되는 기준시점의 확정이 필요하게 된다.
③ 균형의 원칙은 구성요소의 결합에 대한 내용으로, 균형을 이루지 못하는 과잉부분은 원가법을 적용할 때 기능적 감가로 처리한다.
④ 수요공급의 원칙은 추가투자를 판단하는 경우 유용한 가격제원칙이다.
⑤ 균형의 원칙은 대체성 있는 2개 이상의 재화가 존재할 때 그 재화의 가격은 서로 관련되어 이루어진다는 원칙으로 유용성이 동일할 때는 가장 가격이 싼 것을 선택하게 된다.

92 지역분석과 개별분석에 관한 설명으로 옳은 것은?

① 개별분석의 대상은 인근지역, 유사지역, 동일수급권이다.
② 지역분석은 미시적이고 구체적인 분석이다.
③ 지역분석의 목적은 대상부동산의 최유효이용을 판정하는 것이다.
④ 지역분석의 결과 적합의 원칙에 위배된 이용을 하는 부동산에는 경제적 감가가 발생한다.
⑤ 거래사례비교법에서 사례자료를 유사지역에서 구할 경우 지역요인의 비교과정은 필요하지 않다.

93 원가법과 수익환원법에 대한 설명으로 옳은 것은? 35회 적중(50%)

① 재조달원가는 준공시점의 건축공사비를 의미한다.
② 재조달원가를 대체원가로 구하는 경우 기능적 감가는 하지 않는다.
③ 감가수정방법으로는 내용연수법, 관찰감가법, 분해법 등이 있으며, 분해법은 다시 정액법과 정률법 및 상환기금법으로 구분한다.
④ 정률법은 매년 감가액이 일정하다.
⑤ 수익가격 산정에 필요한 환원이율을 구하는 방법으로는 조성법, 시장추출법, 투자결합법, 상환기금법, 엘우드법이 있다.

94 다음과 같이 조사된 건물의 기준시점 현재의 원가법에 의한 감정평가 가격은? (단, 감가수정은 정액법에 의함)

- 준공시점 : 2023년 1월 1일
- 기준시점 : 2025년 1월 1일
- 준공시점의 공사비(매년 공사비 상승률 20%)
  - 직접공사비 : 4억원
  - 간접공사비 : 6천만원
  - 개발업자의 적정이윤 : 4천만원
- 기준시점 현재 경제적 내용연수 : 50년
- 기준시점 현재 물리적 내용연수 : 60년
- 내용연수 만료시 잔존가치율 : 10%

① 642,500,000원 ② 694,080,000원 ③ 702,640,000원
④ 720,000,000원 ⑤ 732,500,000원

95 공작기계 1대를 취득원가 8,000,000원에 2년 전에 구입하였다. 현재 기준시점의 재조달원가는 10,000,000원이다. 원가법으로 평가한 현재 가액은? (단, 감가수정은 정률법을 적용하되, 연간 감가율은 0.2이며, 주어진 조건에 한함) 감평 36회

① 5,120,000원   ② 6,400,000원   ③ 7,500,000원
④ 8,000,000원   ⑤ 10,000,000원

96 순영업소득이 연 60,000,000원인 대상부동산의 수익가치는? 35회 적중(100%)

(가)의 조건
- 부채서비스액: 연 15,000,000원
- 지분비율: 대부비율 = 80% : 20%
- 대출조건: 이자율 연 10%로 10년간 매년 원리금균등상환
- 저당상수(이자율 연 10%, 기간 10년): 0.16

(나)의 조건
- 토지가액: 건물가액 = 40% : 60%
- 토지환원이율: 3%
- 건물환원이율: 8%

	(가)의 조건	(나)의 조건
①	468,750,000원	1,000,000,000원
②	482,550,000원	980,000,000원
③	500,000,000원	600,000,000원
④	524,250,000원	500,000,000원
⑤	600,000,000원	468,750,000원

97 다음 자료를 활용하여 공시지가기준법으로 산정한 대상토지의 단위면적당 시산가액은? (단, 주어진 조건에 한함)

- 대상토지 현황: A시 B구 C동 120번지, 일반상업지역, 상업용
- 기준시점: 2024.10.26.
- 표준지공시지가(A시 B구 C동, 2024.1.1. 기준)

	소재지	용도지역	이용상황	공시지가(원/m²)
1	C동 110	준주거지역	상업용	6,000,000
2	C동 130	일반상업지역	상업용	8,000,000

- 지가변동률(A시 B구, 2024.1.1. ~ 2024.10.26.)
  - 주거지역: 3% 상승
  - 상업지역: 5% 상승
- 지역요인: 표준지와 대상토지는 인근지역에 위치하여 지역요인 동일함
- 개별요인: 대상토지는 표준지 기호 1에 비해 개별요인 10% 우세하고, 표준지 기호 2에 비해 개별요인 3% 열세함
- 그 밖의 요인 보정: 대상토지 인근지역의 가치형성 요인이 유사한 정상적인 거래사례 및 평가사례 등을 고려하여 그 밖의 요인으로 50% 증액 보정함
- 상승식으로 계산할 것

① 6,798,000원/m²   ② 8,148,000원/m²   ③ 10,197,000원/m²
④ 12,222,000원/m²   ⑤ 13,860,000원/m²

⇨ 36회 대비: 표준지가 유사지역에 있는 경우 비교표준지가 속한 지역의 지가변동률을 적용하는 계산문제 대비

98 거래사례비교법으로 산정한 대상토지의 감정평가액은? 35회 적중(50%)

- 대상토지: A시 B구 C동 350번지, 180m²(면적), 대(지목), 주상용(이용상황), 제2종일반주거지역(용도지역)
- 기준시점: 2024.6.30.
- 거래사례의 내역(거래시점: 2024.1.1.)

	소재지(유사지역)	용도지역	토지면적	이용상황	거래가격
1	D동 110	제2종 일반주거지역	200m²	주거용	2억원
2	D동 130	일반상업지역	150m²	주상용	4억원

- 거래사례는 1과 2 모두 정상적인 가격보다 20% 저가로 거래됨(사정보정치 1.25)
- 지가변동률(2024.1.1. ~ 2024.6.30.): 1사분기 지가변동률은 4% 상승하고, 2사분기 지가변동률은 1% 하락함
- 지역요인: 인근지역이 유사지역보다 8% 우세함
- 개별요인: 대상토지는 거래사례에 비해 5% 열세함
- 상승식으로 계산할 것

① 237,683,160원　② 242,392,500원　③ 248,600,000원
④ 249,227,500원　⑤ 250,000,000원

99 부동산가격공시제도에 관한 설명으로 옳은 것은?

① 국토교통부장관이 표준주택가격을 조사·평가할 때에는 감정평가법인에 의뢰하여야 한다.
② 표준주택은 단독주택과 공동주택 중에서 각각 대표성 있는 주택을 선정한다.
③ 개별공시지가의 적정가격을 조사·평가하는 경우에는 인근 유사토지의 거래가격·임대료 및 당해 토지와 유사한 이용가치를 지닌다고 인정되는 토지의 조성에 필요한 비용추정액 등을 종합적으로 참작하여야 한다.
④ 표준지로 선정된 토지와 조세 또는 부담금 등의 부과대상인 토지 등에 대하여는 개별공시지가를 결정·공시하지 아니할 수 있다. 이 경우 표준지로 선정된 토지에 대하여는 해당 토지의 표준지공시지가를 개별공시지가로 본다.
⑤ 시장·군수·구청장은 공시기준일 이후에 분할·합병 등이 발생한 토지에 대하여는 개별공시지가는 1월 1일 또는 7월 1일을 공시기준일로 한다.

100 부동산가격공시제도에 관한 설명으로 옳은 것은? 35회 적중(100%)

① 개별공시지가를 산정할 때에는 그 타당성에 대하여 반드시 감정평가법인등의 검증을 받아야 한다.
② 국토교통부장관은 표준주택에 대하여 매년 공시기준일 현재 적정가격을 조사·산정하고, 시·군·구 부동산가격공시위원회의 심의를 거쳐 이를 공시하여야 한다.
③ 도시·군계획시설로서 공원으로 지정된 토지에 대해서는 개별공시지가를 결정·공시하지 아니할 수 있다.
④ 공동주택가격은 주택시장의 가격정보를 제공하고, 국가·지방자치단체 등이 과세 등의 업무와 관련하여 주택의 가격을 산정하는 경우에 그 기준으로 활용될 수 있다.
⑤ 개별주택가격과 공동주택가격에 이의가 있는 자는 그 공시일부터 30일 이내에 서면으로 시장·군수 또는 구청장에게 이의를 신청할 수 있다.

3회 동형모의고사 예습

01 부동산학에 관한 설명으로 옳은 것은?

① 민법 규정에 의하면 토지소유자는 법률의 범위 내에서 토지를 사용, 수익, 처분할 권리가 있고, 토지의 소유권은 토지소유자가 원하는 범위 내에서 토지의 상하에 미친다.
② 부동산학은 순수이론과학이다.
③ 부동산건설업과 부동산금융업은 한국표준산업분류상 부동산업에 해당되지 않지만, 부동산분양대행업은 부동산업에 해당된다.
④ 귀속권, 과세권, 수용권, 경찰권 등은 부동산소유권의 사적제한에 해당된다. 감평 36회
⑤ 부동산투자, 부동산금융, 부동산개발 등의 부동산 결정분야에서 강조되는 접근방법은 종합식 접근방법이다.

02 부동산의 복합개념에 관한 설명으로 옳은 것은? 35회 적중(상)

① 입목이란 토지에 부착된 수목의 집단으로서 그 소유자가 '입목에 관한 법률'에 따라 소유권보존 등기를 받은 것을 말하며, 토지소유권 또는 지상권 처분의 효력이 미친다. 감평 36회
② 건물에 부착된 물건은 누가 어떤 목적으로 설치했는가와 상관없이 모두 부동산으로 본다.
③ 경제적 개념의 부동산은 부동산을 무형적 측면에서 접근하는 것이며, 부동산을 자산, 자본, 생산요소, 소비재, 상품 등으로 인식하는 것이다.
④ 민법상 부동산과 준부동산은 모두 부동산중개의 대상이 된다.
⑤ 토지와 건물이 각각 독립된 거래의 객체이면서도 마치 하나의 결합된 상태로 다루어져 부동산 활동의 대상으로 인식될 때 이를 복합개념의 부동산이라고 한다.

03 토지의 정착물 중에서 독립정착물에 해당되지 않는 것은?

① 임차자 정착물 중 가사정착물
② 입목법에 근거해 등기한 수목의 집단
③ 권원을 갖춘 타인토지 농작물
④ 명인방법을 갖춘 수목의 집단
⑤ 단독주택

04 토지에 대한 용어설명 중 가장 옳은 것은? 35회 적중(50%)

① 법지는 활용실익이 떨어지는 경사토지를 말하며 법지에는 토지소유권이 인정되지 않는다.
② 토지에 건물이나 그 밖의 정착물이 없고 사법상의 권리가 설정되어 있지 아니한 토지를 나지라고 하며, 표준지공시지가의 평가는 나지상정평가를 한다. 35회
③ 해안선으로부터 지적공부에 등록된 지역까지의 사이의 토지를 포락지라고 한다.
④ 과수원지역과 주거지지역 상호간에 용도가 바뀌는 과정에 있는 지역의 토지를 이행지라고 한다.
⑤ 지적공부에 등록된 토지가 물에 침식되어 수면 밑으로 잠긴 토지를 빈지라고 한다.

05 다음 토지의 용어설명 중 옳은 것은?

① 자연의 유수(流水)가 있거나 있을 것으로 예상되는 소규모 수로부지를 하천이라고 한다.
② 부지란 일정한 용도로 제공되고 있는 바닥토지를 말하며, 하천, 도로 등의 바닥토지에 사용되는 포괄적 용어이다.
③ 필지 중 건물부분의 토지를 제외하고 남은 부분의 토지를 공한지라고 한다.
④ 유휴지는 지력회복을 위해 정상적으로 쉬게 하는 토지를 말한다.
⑤ 용도상 불가분의 관계에 있는 2필지 이상의 일단의 토지를 한계지라고 한다.

06 주택법상 주택의 유형에 관한 설명으로 옳은 것은? 35회 적중(상)

① 국가·지방자치단체의 재정 또는 주택도시기금으로부터 자금을 지원받아 건설하는 모든 주택은 국민주택에 해당된다.
② 세대구분형 공동주택은 주택 내부 공간의 일부를 세대별로 구분하여 생활이 가능한 구조이어야 하며, 그 구분된 공간의 일부를 구분소유 할 수 있다.
③ 다세대주택은 주택으로 쓰는 1개 동의 바닥면적의 합계가 660m² 이하이고, 층수가 4층 이하인 주택을 말한다.
④ 다가구주택은 주택으로 쓰는 1개 동의 바닥면적 합계가 660m² 이하인 공동주택이고, 주택으로 쓰는 층수가 3개 층 이하이어야 한다.
⑤ 도시형 생활주택은 300세대 미만의 국민주택규모에 해당하는 주택이며, 아파트형 주택, 단지형 연립주택, 단지형 다세대주택으로 구분한다.

07

토지의 특성과 그 파생현상의 연결이 옳은 것은 모두 몇 개인가? 35회 적중(100%)

⊙ 용도의 다양성으로 인해 용도적 공급량을 늘릴 수 있다.
⊙ 부증성으로 인해 토지의 물리적 공급곡선은 완전탄력적이다.
⊙ 영속성으로 인해 토지시장에서 물건 간 완전한 대체관계가 제약된다.
⊙ 개별성과 부증성은 토지시장을 불완전경쟁시장으로 만드는 요인이다.
⊙ 부동성으로 인해 감정평가시 지역분석이 필요하다.

① 1개　　② 2개　　③ 3개　　④ 4개　　⑤ 5개

08

토지의 특성과 그 특성으로부터 파생되는 부동산현상 또는 부동산활동을 연결한 것이다. 옳은 것으로만 연결된 것은?

	토지의 특성	파생현상		
①	부동성:	외부효과 발생	임장활동	감가상각 불필요
②	영속성:	국지적 시장	직접환원법	자본이득과 소득이득
③	개별성:	일물일가 불성립	거래비용 증가	불완전경쟁시장
④	부증성:	집약적 이용 촉진	용도적 공급 가능	시장 간 수급불균형
⑤	용도의 다양성:	지역분석	합병과 분할 지원	가치의 다원적 개념

09

주택시장에서의 수요의 변화와 수요량의 변화에 대한 설명으로 옳은 것은?

	수요의 변화	수요량의 변화
①	주택가격 하락	수요자의 실질소득 증가
②	주택가격 상승	주택가격 상승예상
③	생산요소비용 증가	주택가격 상승
④	주택담보 대출금리 인상	주택가격 하락
⑤	대출금리의 하락	주택가격 하락예상

10 아파트시장의 수요곡선을 우측으로 이동시키는 요인은 모두 몇 개인가?

㉠ 보완재 가격의 하락	㉡ 부동산가격 상승 예상
㉢ 저당대출 금리의 상승	㉣ 아파트 가격의 하락
㉤ 대체주택 가격의 하락	㉥ 총부채원리금상환비율(DSR) 상승

① 1개　　② 2개　　③ 3개　　④ 4개　　⑤ 5개

11 아파트시장에서 균형가격을 상승시키는 요인은 모두 몇 개인가? (단, 아파트는 정상재이며, 다른 조건은 동일함) 35회 적중(100%)

㉠ 건설노동자 임금 상승	㉡ 수요 측면에서 보완재 가격의 상승
㉢ 아파트건설용 토지가격의 상승	㉣ 대체주택에 대한 수요 증가

① 1개　　② 2개　　③ 3개　　④ 4개　　⑤ 5개

12 시장균형점의 이동에 관한 설명으로 옳은 것은? 35회 적중(100%)

① 수요가 증가하고 공급이 감소하면 균형가격은 알 수 없다.
② 수요증가와 공급증가가 동일하면 균형가격은 알 수가 없다.
③ 공급이 완전비탄력적인 경우 수요가 증가하면 균형가격은 변하지 않는다.
④ 수요와 공급이 동시에 증가하는 경우, 공급의 증가폭이 수요의 증가폭보다 크면, 균형가격은 하락하고 균형거래량은 증가한다.
⑤ 공급이 가격에 대해 완전비탄력적인 경우 수요가 증가하면 거래량은 증가한다.

13 주택시장에서의 수요함수는 $Q_D = 800 - 5P$이고 공급함수는 $Q_S = 500 + 10P$인 경우 균형가격과 정부가 임대료를 10으로 규제하는 경우 '시장상황'을 각각 구하면?

① 균형가격 10　　초과수요 300
② 균형가격 10　　초과수요 150
③ 균형가격 20　　초과수요 150
④ 균형가격 20　　아무효과 없음
⑤ 균형가격 15　　초과공급 150

14 A지역의 기존 아파트 시장의 수요함수는 $Q_D = 40 - \frac{3}{5}P$, 공급함수는 $Q_S = 20 + \frac{2}{5}P$이었다. 이후 수요함수는 변하지 않고 공급함수가 $Q_S = 10 + \frac{2}{5}P$로 변하였다. 다음 설명으로 옳은 것은?

35회 적중(100%), 감평 36회

① 공급곡선이 우측으로 이동하였다.
② 균형가격은 상승하였다.
③ 균형거래량은 증가하였다.
④ 변경 전 균형가격은 30이다.
⑤ 변경 후 균형거래량은 28이다.

15 부동산 수요와 부동산 공급의 탄력성에 관한 설명으로 옳은 것은?

① 가격탄력도의 값이 0이라는 의미는 가격의 변동률이 전혀 없다는 의미이다.
② 주택의 대체재가 증가하면 주택수요의 가격탄력성은 커진다.
③ 주택의 공급기간 또는 생산시간이 길수록 공급의 가격탄력성은 커진다.
④ 부동산 수요의 가격탄력성은 용도에 따라 달라지며, 주거용 부동산이 공업용 부동산보다 더 비탄력적이다.
⑤ 토지이용규제가 엄격해지면 토지의 공급곡선의 기울기의 값은 작아진다.

16 부동산 수요와 부동산 공급의 탄력성에 관한 설명으로 옳은 것은?

① 공급의 가격탄력성이 수요의 가격탄력성보다 큰 경우 수요자보다 공급자의 세금부담이 더 크다.
② 세금부과시 시장에서의 경제적 순손실 또는 시장왜곡은 공급이 비탄력적일수록 커진다.
③ 임대주택 수요의 가격탄력성이 1보다 큰 경우 임대료가 하락하면 임대업자의 총수입은 증가한다.
④ 임대주택 수요의 가격탄력성이 1인 경우 임대주택의 임대료가 하락하면 임대업자의 총수입은 증가한다.
⑤ 부동산 수요가 증가하면, 부동산 공급곡선이 탄력적일수록 시장균형가격의 변화폭이 커진다.

17 수요의 가격탄력성과 공급의 가격탄력성이 각각 2.0인 경우, 가격이 10% 상승한다면 수요량의 변화율과 공급량의 변화율은 각각 얼마인가?

	수요량의 변화율	공급량의 변화율
①	10% 상승	10% 상승
②	10% 하락	10% 하락
③	20% 상승	20% 상승
④	20% 하락	20% 하락
⑤	20% 하락	20% 상승

18 아파트 매매가격이 16% 상승함에 따라 아파트부지의 매매수요량이 8% 감소하고 아파트 매매수요량이 4% 감소한 경우에, 아파트 매매수요의 가격탄력성, 아파트부지 매매수요의 교차탄력성, 아파트와 아파트부지의 관계는?

	가격탄력성	교차탄력성	관계
①	0.25	−0.5	보완재
②	0.25	0.25	대체재
③	0.25	0.5	대체재
④	0.5	0.25	대체재
⑤	0.5	0.5	보완재

19 아파트 매매시장에서 아파트의 가격탄력성 1.2, 소득탄력성 2.0, 단독주택가격에 대한 교차탄력성이 1.0이다. 아파트의 가격이 10% 상승하고, 단독주택가격이 5% 상승한 경우 아파트의 전체수요량은 변화가 없다면 소득의 변화율은 얼마인가? 35회 적중(100%)

① 2.0% 증가　　　　　　　　② 2.5% 증가
③ 3.5% 증가　　　　　　　　④ 3.5% 감소
⑤ 2.5% 감소

20 효율적 시장이론에 관한 설명으로 옳은 것은?

① 약성 효율적 시장에서는 기본적 분석으로 초과이윤을 얻을 수 없다.
② 부동산시장이 약성 효율적 시장이라면 새로운 정보는 공개되는 즉시 시장에 반영된다.
③ 강성 효율적 시장은 완전경쟁시장을 의미한다.
④ 부동산시장에서 특정 투자자는 우수한 정보를 통해 초과이윤을 획득할 수 있는데, 그 이유는 부동산시장이 불완전하기 때문이다.
⑤ 특정 투자자가 얻는 초과이윤이 이를 발생시키는 데 소요되는 정보비용과 같다면 그 시장은 불완전시장이라도 배분 효율적 시장이 될 수 있다.

21 A토지에 접하여 도시·군계획시설(도로)이 개설될 확률은 60%로 알려져 있고, 1년 후에 해당 도로가 개설되면 A토지의 가치는 2억 7,500만원, 그렇지 않으면 9,350만원으로 예상된다. 만약 부동산시장이 할당 효율적이라면 합리적인 투자자가 최대한 지불할 수 있는 정보비용의 현재가치는? (단, 요구수익률은 연 10%이고, 주어진 조건에 한함) 35회 적중(100%)

① 5,200만원 ② 5,600만원 ③ 6,200만원
④ 6,600만원 ⑤ 7,200만원

22 부동산 경기변동에 관한 설명으로 옳은 것은?

① 회복시장에서 직전국면 저점의 거래사례가격은 현재 시점에서 새로운 거래가격의 상한이 되는 경향이 있다.
② 부동산경기는 일반경기와 같이 일정한 주기와 동일한 진폭으로 규칙적이고 안정적으로 반복되며 순환된다.
③ 부동산 경기변동은 일반경기변동에 비해 저점이 얕고 정점이 높은 경향이 있다.
④ 상향시장면은 매수자의 숫자보다 매도자의 숫자가 더 적은 시장이며, 따라서 상향시장은 매도자 중시시장이 된다.
⑤ 총부채상환비율(DTI) 규제 강화 후 주택거래 건수 감소는 경기변동요인 중 추세변동요인에 속한다.

23 거미집모형에 관한 설명으로 옳은 것은? (단, 다른 조건은 동일함)

① 수요와 공급의 동시적 관계로 가정하여 균형의 변화를 정태적으로 분석한 모형이다.
② 부동산시장에서 부동산가격이 폭등한 상태가 그대로 유지되는 현상을 설명한다.
③ 수요의 가격탄력성이 공급의 가격탄력성보다 크면 발산형이다.
④ 가격이 변동하면 수요와 공급은 모두 즉각적으로 반응한다는 가정을 전제하고 있다.
⑤ 공급자는 현재의 가격에만 반응하고 미래상황을 예측하지 않는다는 것을 전제한다.

24 거미집이론에 따른 모형의 형태는? 감평 36회

A시장	수요함수: $3Q = 30 - 5P$
	공급함수: $5Q = 15 + 3P$
B시장	가격이 10% 상승하면 수요량이 5% 감소
	가격이 10% 상승하면 공급량은 8% 증가

	A시장	B시장
①	수렴	수렴
②	발산	발산
③	수렴	발산
④	발산	수렴
⑤	순환	발산

25 입지이론에 관한 설명으로 옳은 것은?

① 베버는 수요원추체의 개념을 이용하고, 뢰쉬는 등비용선의 개념을 이용한다.
② 베버: 원료지수가 1보다 큰 산업은 시장지향적 입지가 유리하다.
③ 크리스탈러: 최소요구치가 재화의 도달범위 내에 있어야 중심지가 성립한다.
④ 레일리: 상점의 유인력은 상점과의 거리의 제곱에 비례한다.
⑤ 컨버스: 상권의 경계지점 또는 분기점은 큰 도시에 가깝게 형성된다.

26 입지이론에 관한 설명으로 틀린 것은?

① 베버는 최소운송비 지점, 최소노동비 지점, 집적이익이 발생하는 구역을 종합적으로 고려해서 최소비용지점을 결정한다.
② 베버의 등비용선(isodapane)은 최소운송비 지점으로부터 기업이 입지를 바꿀 경우, 노무비의 증가분이 동일한 지점을 연결한 곡선을 의미한다.
③ 허프는 소비자가 특정 점포를 이용할 확률은 소비자와 점포와의 거리, 경쟁점포의 수와 면적에 의해서 결정된다고 보았다.
④ 허프모형에서 공간(거리)마찰계수는 시장의 교통조건과 쇼핑물건의 특성에 따라 달라지며, 편의품이 전문품보다 마찰계수의 값이 더 크다.
⑤ 넬슨은 특정 점포가 최대 이익을 얻을 수 있는 매출액을 확보하기 위해서는 어떤 장소에 입지하여야 하는지를 제시하였다.

27 레일리(W. Reilly)의 소매중력모형에 따라 C신도시의 소비자가 A도시와 B도시에서 소비하는 월 추정소비액은 각각 얼마인가? (단, C신도시의 인구는 모두 소비자이고, A, B도시에서만 소비하는 것으로 가정함)

- A도시 인구: 50,000명, B도시 인구: 32,000명
- C신도시: A도시와 B도시 사이에 위치
- A도시와 C신도시 간의 거리: 5km
- B도시와 C신도시 간의 거리: 2km
- C신도시 소비자의 잠재 월 추정소비액: 10억원

① A도시: 1억원 B도시: 9억원
② A도시: 1억 5천만원 B도시: 8억 5천만원
③ A도시: 2억원 B도시: 8억원
④ A도시: 2억 5천만원 B도시: 7억 5천만원
⑤ A도시: 3억원 B도시: 7억원

28 지대이론에 관한 설명으로 틀린 것은? 35회 적중(100%)

① 리카도는 각 토지마다 다른 비옥도의 차이와 생산요소 투입에 따라 한계생산성이 증가하는 수확체감현상을 적용한다. 감평 36회
② 막스에 의하면 절대지대는 토지의 생산성과 무관하게 토지가 개인에 의해 배타적으로 소유되는 것으로부터 발생하며, 최열등지에도 지대가 발생한다.
③ 튀넨에 의하면 서로 다른 지대곡선을 가진 농산물들이 입지경쟁을 벌이면서 각 지점에 따라 가장 높은 지대를 지불하는 농업적 토지이용에 토지가 할당된다.
④ 튀넨의 위치지대설에 의하면 중심지에 가까울수록(중심지와의 접근성이 좋을수록) 집약농업이 입지하고, 교외로 갈수록 조방농업이 입지한다.
⑤ 준지대는 토지 이외의 사람이 만든 기계나 기구들로부터 얻는 소득이며, 토지개량공사로 인해 추가적으로 발생하는 일시적인 소득은 준지대로 본다.

29 지대이론에 관한 설명으로 옳은 것은?

① 알론소의 입찰지대곡선은 여러 개의 지대곡선 중 가장 낮은 부분을 연결한 포락선이다.
② 헤이그의 마찰비용이론에서 마찰비용은 지대와 교통비의 합으로 산정된다.
③ 경제지대는 어떤 생산요소가 다른 용도로 전용되지 않고 현재의 용도에 그대로 사용되도록 지급하는 최소한의 지급액이다.
④ 튀넨은 자연조건이 동일한 고립국을 가정하여 상업활동의 공간적 분포를 통한 토지이용을 설명한다. 감평 36회
⑤ 리카르도는 지대를 생산비용으로 보기 때문에 지대가 상승하면 생산물의 가격도 상승한다고 주장하였다.

30 도시공간구조 및 입지에 관한 설명으로 옳은 것은? 35회 적중(100%)

① 버제스의 동심원이론에 의하면 점이지대(천이지대)는 고급주택지구보다 도심으로부터 원거리에 위치한다.
② 선형이론에서의 점이지대는 중심업무지구에 직장 및 생활터전이 있어 중심업무지구에 근접하여 거주하는 지대를 말한다.
③ 버제스의 동심원이론은 침입, 경쟁, 천이과정을 수반하는 생태학적 논리에 기반하고 있다.
④ 다핵심이론에서는 다핵의 발생요인으로 유사활동 간 분산지향성, 이질활동 간 입지적 비양립성 등을 들고 있다.
⑤ 시몬스의 다차원이론에 의하면 교통기관의 현저한 발달로 종래 도시 내부에 집약되어 있던 업무시설과 주택이 간선도로를 따라 리본모양으로 확산, 입지하는 경향이 있다.

31 도시공간구조 및 입지에 관한 설명으로 옳은 것은?

① 선형이론은 도심은 하나이며 교통의 선이 도심에서 방사되는 것을 전제로 하여 도시의 성장을 설명하였다.
② 호이트(H. Hoyt)는 저소득층의 주거지가 형성되는 요인으로 도심과 부도심 사이의 도로, 고지대의 구릉지, 주요 간선도로의 근접성을 제시하였다.
③ 튀넨과 알론소는 다핵도시의 토지이용형태를 설명함에 있어 입찰지대의 개념을 적용하였다.
④ 해리스(C. Harris)와 울만(E. Ullman)의 다핵심이론에 교통축을 적용하여 개선한 이론이 호이트의 선형이론이다.
⑤ 튀넨은 지대지불능력에 따라 토지이용이 달라진다는 버제스의 이론을 도시 내부에 적용하였다.

32 부동산시장에 대한 정부의 개입을 직접개입과 간접개입 및 토지관련규제로 구분하는 경우 간접개입방식으로만 묶인 것은? 35회 적중(100%)

① 임대료상한제, 부동산보유세, 담보대출규제
② 담보대출규제, 토지거래허가제, 부동산거래세
③ 개발부담금제, 부동산거래세, 부동산가격공시제도
④ 지역지구제, 토지거래허가제, 부동산가격공시제도
⑤ 부동산보유세, 개발부담금제, 지역지구제

> **참고** 부동산정책 중 금융규제에 해당하는 것은? 35회
> ① 택지개발지구 지정
> ② 토지거래허가제 시행
> ③ 개발부담금의 부담률 인상
> ④ 분양가상한제의 적용 지역 확대
> ⑤ 총부채원리금상환비율(DSR) 강화
>
> 정답 ⑤

33 시장실패 등에 관한 설명으로 틀린 것은?

① 소비의 비경합성과 비배제성의 성질이 나타나는 재화를 공공재라고 하며, 공공재의 경우 그 생산을 시장기구에 맡기면 과소 생산된다.
② 시장실패의 원인으로는 공공재, 외부효과, 독점, 정보의 비대칭, 규모의 경제 등이 있다.
③ 용도지역지구제는 사적 시장이 외부효과에 대한 효율적인 해결책을 제시하지 못할 때, 정부에 의해 채택되는 부동산정책의 한 수단이다.
④ 국토법상 국토는 도시지역, 관리지역, 농림지역, 자연환경보전지역의 용도지역으로 구분하며, 도시는 주거지역, 상업지역, 공업지역, 녹지지역으로 구분한다.
⑤ 국토법상 용도지역과 용도지구 및 용도구역은 상호 중첩하여 지정할 수 없다. 감평 36회

34 외부효과 등에 관한 설명으로 옳은 것은?

① 외부효과란 어떤 경제활동과 관련하여 거래당사자가 아닌 제3자에게 의도하지 않은 혜택이나 손해를 가져다주면서도 이에 대한 대가를 받지도 지불하지도 않는 상태를 말한다.
② 부(−)의 외부효과를 야기하는 제품생산을 시장에 맡기면 과소생산의 시장실패가 발생한다.
③ 부(−)의 외부효과는 핌피(PIMFY)현상을 유발한다.
④ 부(−)의 외부효과가 발생하면 사회적 비용보다 사적 비용이 커지게 된다.
⑤ 부(−)의 외부효과를 유발하는 공장에 대한 규제는 공장에서 생산되는 제품의 공급을 증가시킨다.

35 용도지역지구제 등에 관한 설명이다. 틀린 것은?

① 도시·군계획은 도시·군기본계획과 도시·군관리계획으로 구분한다.
② 도시·군기본계획은 기본적인 공간구조와 장기발전방향을 제시하는 종합계획으로서 도시·군관리계획 수립의 지침이 되는 계획을 말한다.
③ 지구단위계획이란 도시·군계획 수립 대상지역의 일부에 대하여 토지 이용을 합리화하고 그 기능을 증진시키며 미관을 개선하고 양호한 환경을 확보하며, 그 지역을 체계적·계획적으로 관리하기 위하여 수립하는 도시·군관리계획을 말한다. 35회
④ 성장관리계획이란 성장관리계획구역에서의 난개발을 방지하고 계획적인 개발을 유도하기 위하여 수립하는 계획을 말한다.
⑤ 공간재구조화계획이란 토지의 이용 및 건축물이나 그 밖의 시설의 용도·건폐율·용적률·높이 등을 강화하는 용도구역의 효율적이고 계획적인 관리를 위하여 수립하는 계획을 말한다.

감평 36회

참고 국토의 계획 및 이용에 관한 법령상 기반시설의 유형으로 옳지 않은 것은? 감평 36회

① 공공, 문화체육시설: 광장, 공원, 녹지, 유원지, 공공공지
② 유통, 공급시설: 유통업무설비, 수도, 전기, 가스, 열공급설비, 방송, 통신시설, 공동구, 시장, 유류저장 및 송유설비
③ 보건위생시설: 장사시설, 도축장, 종합의료시설
④ 방재시설: 하천, 유수지, 저수지, 방화설비, 방풍설비, 방수설비, 사방설비, 방조설비
⑤ 교통시설: 도로, 철도, 항만, 공항, 주차장, 자동차정류장, 궤도, 차량 검사 및 면허시설

🔒 정답 ①

36 부동산정책에 관한 설명으로 옳은 것은?

① 개발이익이란 개발사업의 시행이나 토지이용계획의 변경, 그 밖에 사회적·경제적 요인에 따라 정상지가 상승분을 초과하여 개발사업을 시행하는 자나 토지점유자에게 귀속되는 토지 가액의 증가분을 말한다. 감평 36회
② 토지선매에 있어 시장, 군수, 구청장은 토지거래계약허가를 받아 취득한 토지를 그 이용목적대로 이용하고 있지 아니한 토지에 대해서 선매자에게 강제로 수용하게 할 수 있다.
③ 도시개발사업은 토지를 사전에 비축하여 장래 공익사업의 원활한 시행과 토지시장의 안정에 기여할 수 있다.
④ 재건축부담금은 정비사업 중 재건축사업에서 발생되는 초과이익을 환수하기 위한 제도이며, 재건축 초과이익 환수에 관한 법률에 의해 시행되고 있다.
⑤ 토지적성평가는 도시·군계획 수립 대상지역의 일부에 대하여 토지 이용을 합리화하고 그 기능을 증진시키며 미관을 개선하고 양호한 환경을 확보하며, 그 지역을 체계적·계획적으로 관리하기 위하여 수립하는 계획이다.

37 토지이용계획의 결정 등으로 종래의 용도규제가 강화됨으로 인해 발생한 손실을 보상하는 제도인 개발손실보상제에 해당되는 것은?

① 택지소유상한제도   ② 토지거래허가구역 지정   ③ 공공토지비축제도
④ 개발부담금제도   ⑤ 개발권양도제(TDR)

38 현재 우리나라에서 시행되고 있지 않는 부동산 정책수단은 모두 몇 개인가?

㉠ 택지소유상한제	㉡ 부동산거래신고제	㉢ 토지초과이득세
㉣ 주택의 전매제한	㉤ 부동산실명제	㉥ 개발권양도제
㉦ 종합토지세	㉧ 공한지세	㉨ 재개발부담금

① 2개   ② 3개   ③ 4개   ④ 5개   ⑤ 6개

39 우리나라의 부동산제도와 근거법률의 연결이 틀린 것은?

① 부동산거래신고 등에 관한 법률 - 선매제도
② 개발이익 환수에 관한 법률 - 개발부담금
③ 부동산 실권리자명의 등기에 관한 법률 - 부동산실명제
④ 국토의 계획 및 이용에 관한 법률 - 토지거래허가제
⑤ 주택법 - 분양가상한제

40 유량의 경제변수는 모두 몇 개인가? 35회 적중(100%)

㉠ 신규공급량	㉡ 순영업소득	㉢ 가격
㉣ 주택보급률	㉤ 주택재고	㉥ 도시인구
㉦ 임대료	㉧ 통화량	

① 1개　　② 2개　　③ 3개　　④ 4개　　⑤ 5개

41 주거분리와 하향여과에 관한 설명으로 옳은 것은?

① 저소득층 주거지역에서 주택의 보수를 통한 가치 상승분이 보수비용보다 크다면 상향여과가 발생할 수 있다. 감평 36회
② 고소득층 주거지역과 인접한 저소득층 주택은 할인되어 거래될 것이다.
③ 민간주택에서 불량주택이 발생하는 것은 시장실패 상황이다.
④ 상향여과는 상위소득계층이 사용하던 기존주택이 하위소득계층의 사용으로 전환되는 것을 말한다.
⑤ 주거분리란 상업지역과 주거지역이 분리되는 현상을 말하며, 도시 전체뿐만 아니라 지리적으로 인접한 근린지역에서도 발생한다.

42 임대주택정책에 관한 설명으로 옳은 것은? 35회 적중(80%)

① 소득대비 주택가격비율(PIR)이 낮아질수록 가구의 주거비부담은 커진다.
② 주거바우처제도를 시행하면 저가주택의 공급량이 감소하고 주거의 질은 개선된다.
③ 임대료를 규제하면 초과수요가 발생하고 기존 임차자들의 주거이동이 제한된다.
④ 공공임대주택은 민간임대주택과 동일수준의 가격으로 제공하여야 한다.
⑤ 공공임대주택의 종류에는 영구임대, 국민임대, 행복주택, 통합공공임대, 장기전세, 공공지원민간임대주택, 민간매입임대주택 등이 있다. 35회

43 분양주택정책에 대한 설명이다. 틀린 것은?

① 분양가규제(분양가상한제)는 투기를 유발할 수 있기 때문에 이를 방지하기 위해서 전매제한을 강화한다.
② 분양가를 규제하면 공급의 가격탄력성이 탄력적일수록 초과수요량이 더 커진다.
③ 공공택지 중에서 주택가격 상승 우려가 있어 국토교통부장관이 지정하는 지역에서는 분양가상한제를 적용하여야 한다.
④ 도시형 생활주택은 분양가상한제를 적용하지 않는다.
⑤ 선분양제도는 초기자금부담을 완화할 수 있다는 측면에서 공급자에게 유리하다.

44 우리나라의 부동산조세제도에 관한 설명으로 옳은 것은? 35회 적중(100%)

① 취득세와 등록면허세 및 양도소득세는 신고납부방식이다.
② 상속세와 재산세는 부동산의 취득단계에 부과한다. 감평 36회
③ 종합부동산세의 납세지는 부동산소재지이다.
④ 부가가치세, 증여세, 상속세, 등록면허세, 종합부동산세는 모두 국세이다.
⑤ 종합부동산세와 재산세의 과세기준일은 매년 7월 1일이다.

45 부동산조세에 관한 설명으로 옳은 것은? 35회 적중(100%)

① 거래세를 인상하면 수요자와 공급자의 잉여는 모두 감소하며, 사회 전체적으로는 경제적 후생손실이 발생하는데 이러한 후생손실은 비탄력적일수록 더 커진다.
② 공공임대주택의 공급 확대 정책은 임대주택의 재산세가 임차인에게 전가되는 현상을 심화시킨다.
③ 임대인이 탄력적이고 임차인이 비탄력적일 때, 재산세를 부과하면 재산세가 수요자에게 전가되는 부분이 상대적으로 많다.
④ 지가상승에 대한 기대가 퍼져 있는 상황에서 양도소득세가 중과되어 동결효과가 발생하면 지가가 하락한다.
⑤ 헨리 조지는 토지에 대한 보유세는 자원배분 왜곡이 심한 비효율적 세금이므로 토지세를 없애자고 주장하였다.

46 부동산투자에 관한 설명으로 옳은 것은?

① 부동산투자는 현재의 불확실한 현금유출과 장래의 확실한 현금유입을 교환하는 행위이다.
② 총자본수익률(종합수익률)이 지분수익률보다 높으면 정(+)의 지렛대효과가 발생한다.
③ 중립적 레버리지인 경우 대부비율 또는 부채비율이 올라가면 자기자본수익률은 상승한다.
④ 지렛대효과를 이용해서 부동산에 투자하는 경우 원리금지급분 및 감가상각비에 대한 절세효과를 기대할 수 있다.
⑤ 부(-)의 레버리지효과가 발생할 경우 부채비율을 낮추어도 정(+)의 레버리지효과로 전환할 수는 없다.

47 부동산투자에서 (㉠)타인자본을 활용하지 않은 경우와 (㉡)타인자본을 40% 활용하는 경우, 각각의 1년간 자기자본수익률(%)은? 감평 35회

- 부동산 매입가격: 10,000만원
- 1년 후 부동산 처분
- 순영업소득: 연 500만원(기간 말 발생)
- 보유기간 동안 부동산가격 상승률: 연 2%
- 대출조건: 이자율 연 4%, 대출기간 1년, 원리금은 만기일시상환

① ㉠: 7.0, ㉡: 7.0　　② ㉠: 7.0, ㉡: 8.0　　③ ㉠: 7.0, ㉡: 9.0
④ ㉠: 7.5, ㉡: 8.0　　⑤ ㉠: 7.5, ㉡: 9.0

48 화폐의 시간가치에 관한 설명으로 옳은 것은?

① 10년 후에 1억원이 될 것으로 예상되는 토지의 현재가치를 계산할 경우 연금의 현재가치계수를 사용한다.
② 5년 후 주택구입에 필요한 자금 3억원을 모으기 위해 매월 말 불입해야 하는 적금액을 계산하려면, 3억원에 감채기금계수를 곱하여 구한다.
③ 원리금균등상환방식으로 주택저당대출을 받은 경우, 저당대출액에 연금의 현가계수를 곱해서 매기 원리금상환액을 계산한다.
④ 연금의 현재가치계수에 감채기금계수를 곱하면 연금의 미래가치계수이다.
⑤ '잔금비율 = 1 − 상환비율'이며, 잔금비율은 $\dfrac{\text{저당상수(잔존기간)}}{\text{저당상수(전체기간)}}$ 이다.

49 A는 승계가능한 대출로 주택을 구입하고자 한다. 다음과 같은 조건으로 기존 주택저당대출을 승계받을 때, 이 승계권의 가치는 얼마인가? 감평 36회, 감평 34회

• 기존 주택저당대출 　- 현재 대출잔액: 3억원 　- 원리금균등분할상환방식: 만기 20년, 대출금리 5%, 고정금리대출 • 신규 주택저당대출 　- 대출금액: 3억원 　- 원리금균등분할상환방식: 20년, 대출금리 7%, 고정금리대출 • 월 기준 연금현가계수 　- (5%, 20년): 150 　- (7%, 20년): 125	**야매공식** $\left(\dfrac{125}{150} - 1\right) \times 3\text{억원}$

① 4,375만원　② 5,000만원　③ 5,625만원　④ 6,250만원　⑤ 6,875만원

50 다음은 투자부동산의 매입, 운영 및 매각에 따른 현금흐름이다. 이에 기초한 순현재가치는? (단, 0년차 현금흐름은 초기투자액, 1년차부터 7년차까지 현금흐름은 현금유입과 유출을 감안한 순현금흐름이며, 기간이 7년인 연금의 현가계수는 3.50, 7년 일시불의 현가계수는 0.60이고, 주어진 조건에 한함)

(단위: 만원)

기간(년)	0	1	2	3	4	5	6	7
현금흐름	−1,100	120	120	120	120	120	120	1,420

① 100만원   ② 120만원   ③ 140만원   ④ 160만원   ⑤ 180만원

51 투자부동산 A에 관한 투자분석을 위해 관련 자료를 수집한 내용은 다음과 같다. 이 경우 순영업소득은?

- 유효총소득: 360,000,000원
- 대출원리금 상환액: 50,000,000원
- 수도광열비: 36,000,000원
- 수선유지비: 18,000,000원
- 공실손실상당액과 대손충당금: 18,000,000
- 직원 인건비: 80,000,000원
- 감가상각비: 40,000,000원
- 용역비: 30,000,000원
- 재산세: 18,000,000원
- 사업소득세: 3,000,000원

① 138,000,000원   ② 157,000,000원   ③ 160,000,000원
④ 178,000,000원   ⑤ 258,000,000원

52 부동산투자의 현금흐름 추정에 관한 설명으로 옳은 것은?

① 순영업소득은 유효총소득에서 영업경비과 기타소득을 차감한 소득을 말한다.
② 영업경비는 부동산 운영과 직접 관련 있는 경비로, 광고비, 전기세, 수선비가 이에 해당된다.
③ 순영업소득은 지분투자자에게 귀속되는 소득을 말한다.
④ 세전지분복귀액은 순영업소득에서 미상환 저당잔액을 차감하여 지분투자자의 몫으로 되돌아오는 금액을 말한다.
⑤ 부동산투자에 대한 대가는 보유시 대상부동산의 운영으로부터 나오는 자본이득과 처분시의 소득이득의 형태로 나타난다.

53 전체 구성자산의 기대수익률은? (단, 확률은 호황 80%, 불황 20%이다.)

구 분	자산비중	경제상황별 예상수익률	
		호 황	불 황
상 가	20%	20%	2%
오피스텔	40%	16%	6%
아파트	40%	10%	8%

① 9.6%   ② 10.2%   ③ 11.64%   ④ 12%   ⑤ 12.72%

54 부동산투자에 관한 설명으로 옳은 것은?

① A부동산의 예상순수익이 3,000만원이고 투자자의 요구수익률이 6%인 경우, A부동산의 투자가치는 1.8억원이다.
② 기대수익률이 요구수익률보다 크거나, 시장가치가 투자가치보다 큰 경우 투자타당성이 있다.
③ 투자위험은 기대수익을 하향조정하거나 요구수익률을 상향조정해서 반영한다.
④ 부동산투자자가 대상부동산을 원하는 시기와 가격에 현금화하지 못하는 경우는 금융위험에 해당한다.
⑤ 기대수익률은 다른 투자의 기회를 포기한다는 점에서 기회비용이라고 하며, 투자자가 대상부동산에 자금을 투자하기 위해 충족되어야 할 최소한의 수익률이다.

55 부동산투자분석기법에 관한 설명으로 옳은 것은?

① 내부수익률은 현금유입의 현재가치 합과 현금유출의 현재가치 합을 0으로 만드는 할인율을 말한다.
② 화폐의 시간가치를 고려한 방법으로는 순현재가치법, 내부수익률법, 현가회수기간법, 회계적이익률법 등이 있다.
③ 순현재가치가 '1'인 투자안의 수익성지수는 항상 '0'이 된다.
④ 내부수익률법은 내부수익률과 1을 비교하는 투자분석기법이다.
⑤ 현금유입의 현재가치에서 현금유출의 현재가치를 나눈 값이 1보다 크거나 같으면 투자타당성이 있다.

56 부동산투자분석기법에 관한 설명으로 옳은 것은? 35회 적중(100%)

① 투자규모에 차이가 있는 상호 배타적인 투자안의 경우에는 순현재가치법과 수익성지수법을 통한 의사결정은 항상 일치한다.
② 재투자율로 내부수익률법에서는 내부수익률을 사용하지만, 순현가법에서는 기대수익률을 사용한다.
③ 투자안 A의 내부수익률이 7%이고 투자안 B의 내부수익률이 5%인 경우, 결합투자안(A + B)의 내부수익률은 12%가 된다.
④ 투자금액이 동일하고 순현재가치가 모두 0보다 큰 2개의 투자안을 비교·선택할 경우, 부의 극대화 원칙에 따르면 내부수익률보다 순현재가치가 큰 투자안을 채택한다.
⑤ 투자자산의 현금흐름과 상관없이 투자안은 항상 하나의 내부수익률만 존재한다.

57 할인율이 연 10%라고 할 때 순현가와 수익성지수 및 내부수익률을 각각 구하시오(근사치).

사 업	초기 현금지출	2년 후 현금유입
A	4,000만원	5,290만원

	순현재가치	수익성지수	내부수익률
①	372만원	1.322	12%
②	372만원	1.093	12%
③	372만원	1.093	15%
④	809만원	1.202	15%
⑤	809만원	1.202	18%

58 부동산투자분석기법에 관한 설명으로 옳은 것은? 35회 적중(100%)

① 대부비율이 80%인 경우 부채비율은 400%이다.
② 일반적으로 총소득승수가 순소득승수보다 더 크다.
③ 대부비율은 지분투자액에 대한 부채의 비율이다.
④ 자본환원율은 자본의 기회비용을 반영하므로, 순영업소득과 자산의 가격을 곱하여 산정한다.
⑤ 채무불이행률은 대상부동산의 순영업소득으로 영업경비와 부채서비스액을 충당할 수 있는지를 판단하는 지표이다.

59 부동산투자분석기법에 관한 설명으로 옳은 것은?

① 자본회수기간이 목표회수기간보다 긴 투자안은 타당성이 있다.
② 회계적이익률이 목표이익률보다 낮은 투자안은 타당성이 있다.
③ 부채감당률이 1보다 크다는 것은 부채서비스액이 순영업소득보다 크다는 것을 의미한다.
④ 순소득승수가 큰 투자안일수록 자본회수기간이 길고, 환원이율의 값이 작다.
⑤ 자본환원율이 하락할수록 신규개발사업의 추진이 어려워진다.

60 비율분석법을 이용하여 산출한 것으로 옳지 않은 것은? (단, 주어진 조건에 한하며, 연간 기준임)
35회 적중(100%)

- 주택담보대출액: 2억원
- 주택담보대출의 연간 원리금상환액: 1천만원
- 부동산가치: 4억원
- 차입자의 연소득: 5천만원
- 가능총소득: 4천만원
- 공실손실상당액 및 대손충당금: 가능총소득의 25%
- 영업경비: 가능총소득의 50%

① 부채감당률(DCR) = 1.0
② 채무불이행률 = 1.0
③ 총부채상환비율(DTI) = 0.2
④ 부채비율 = 1.0
⑤ 저당상수 = 0.1

61 부동산 포트폴리오에 관한 설명으로 옳은 것은? 35회 적중(상)

① 평균 − 분산 지배원리에 따르면, A투자안과 B투자안의 기대수익률이 같은 경우, A투자안보다 B투자안의 기대수익률의 표준편차가 더 작다면 A투자안이 더 선호된다.
② 시장성분석을 통해 투입요소의 변화가 그 투자안의 내부수익률에 미치는 영향을 분석할 수 있다.
③ 시장 내 투자안들이 가지는 개별적인 위험을 체계적인 위험이라고 하며, 이러한 체계적 위험은 분산투자를 통해 감소시킬 수 없다.
④ 포트폴리오 구성자산들의 수익률분포가 −1의 상관관계에 있을 경우, 자산구성비율을 조정하면 비체계적 위험을 0까지 줄일 수 있다.
⑤ 포트폴리오의 기대수익률은 개별자산의 기대수익률을 가중평균하여 구하고, 포트폴리오의 위험은 개별자산의 총위험을 가중평균하여 구한다.

62 최적포트폴리오의 선택과정에 관한 설명으로 옳은 것은?

① 효율적 프런티어(효율적 전선)이란 평균 – 분산 지배원리에 의해 모든 위험수준에서 최저의 기대수익률을 얻을 수 있는 포트폴리오의 집합을 말한다.
② 효율적 프론티어는 우하향의 형태로 나타나며 이는 위험과 수익이 비례관계에 있다는 것을 의미한다.
③ 투자자의 무차별곡선은 좌측에 존재할수록 효용이 높으며, 투자자가 공격적 성향의 투자자일수록 투자자의 무차별곡선의 기울기는 완만하다.
④ 효율적 프론티어와 특정 투자자의 무차별곡선이 만나는 모든 점이 그 투자자의 최적 포트폴리오가 된다.
⑤ 포트폴리오이론은 투자시 여러 종목에 분산 투자함으로써 수익을 최대치로 올리고자 하는 자산투자이론이다.

> **참고** 합리적인 투자자가 가장 선호할 자산은? 감평 36회
>
> | 자산구분 | 토 지 | 아파트 | 오피스 | 채 권 | 주 식 |
> |---|---|---|---|---|---|
> | 수익률 | 0.82% | 0.95% | 2.23% | 0.99% | 1.90% |
> | 표준편차 | 1.17% | 2.19% | 1.05% | 1.05% | 8.11% |
>
> ① 오피스 ② 채권
> ③ 아파트 ④ 주식
> ⑤ 토지
>
> 정답 ①

63 부동산금융에 관한 설명으로 옳은 것은?

① 다른 조건이 일정할 때 융자상환기간이 장기일수록 차입자의 대출상환부담은 커진다.
② 시장에서 인플레이션이 발생하면 기준금리는 변하지 않고 가산금리가 상승한다.
③ 대출자는 기초에 한 번 이자를 받는 것보다 기간 중 4회 나누어 받는 것이 불리하다.
④ 랩어라운드 대출은 기존대출을 상환하고 신규대출을 별도로 제공하는 방식이다. 감평 36회
⑤ 다른 조건이 동일할 경우 변동금리대출이 고정금리대출보다 대출금리가 높다.

64 다음 조건의 경우 김백중의 최대 대출 가능금액은 각각 얼마인가? 35회 적중(100%)

- 대출승인 기준: 담보인정비율(LTV) 40%

• 주택의 담보평가가격: 5억원	• 상가의 담보평가가격: 5억원
• 총부채상환비율(DTI): 40%	• 부채감당률(DSCR): 1.5
• 김백중의 연간 소득: 6천만원	• 상가의 순영업소득: 2천7백만원

- 연간 저당상수: 0.10

	주택담보	상가담보		주택담보	상가담보
①	1.8억원	1.8억원	②	2.0억원	1.8억원
③	2.0억원	2.0억원	④	2.4억원	1.8억원
⑤	2.4억원	2.0억원			

65 부동산금융에 관한 설명으로 옳은 것은?

① 제2차 저당대출시장은 주택담보 대출시장을 의미한다.
② 총부채상환비율(DTI)과 총부채원리금상환비율(DSR)은 모두 연간 금융부채 원리금상환액 산정 시 주택담보대출 원리금상환액과 기타대출 원리금상환액을 모두 포함한다.
③ 담보인정비율(LTV)은 소득기준으로 채무불이행위험을 측정하는 지표이다.
④ 변동금리대출의 경우 금리 조정주기가 짧을수록 대출자의 위험은 높아진다.
⑤ 고정금리대출은 금리하락기에 조기상환 위험이 높다.

66 백중이는 주택구입을 위해 10억원을 대출받았다. 대출이자율이 연리 5%인 경우 각각의 값을 구하시오.

(1) 원금균등분할상환조건인 경우 12년차의 원리금(상환기간 20년)
(2) 원리금균등상환조건인 경우 3년차의 이자(저당상수는 0.1을 적용한다)

	(1)	(2)
①	67,250,000원	42,475,000원
②	67,250,000원	44,875,000원
③	72,500,000원	42,500,000원
④	72,500,000원	42,475,000원
⑤	72,500,000원	44,875,000원

67 주택금융에 관한 설명으로 옳은 것은? 35회 적중(100%)

① 원금균등상환과 원리금균등상환의 만기시까지 원리금불입액 총누적금액은 동일하다.
② 원리금균등분할상환방식의 경우 잔금은 직선적으로 감소한다.
③ 원리금균등의 경우 전체기간의 절반이 지나면 원금의 반을 상환하게 된다.
④ 점증상환에서는 초기에 원리금의 납입액이 이자지급액에 미치지 못할 수 있는데, 이 경우 미상환 이자가 원금에 가산되어 부(-)의 상환이 일어날 수 있다. 감평 36회
⑤ 대출조건이 동일할 경우, 대출채권의 듀레이션은 원리금균등분할상환, 원금균등분할상환, 점증상환, 만기일시상환의 순으로 점점 더 짧아진다. 감평 36회

68 주택금융에 관한 설명으로 옳은 것은?

① 저당유동화가 활성화되면 대출기관의 유동성이 증대되고 주택시장에서 주택수요가 증가한다.
② 1차 주택저당 대출시장은 특별목적회사(SPC)를 통해 투자자로부터 자금을 조달하여 대출기관에 공급해주는 시장을 말한다.
③ 부동산개발PF ABCP는 자산유동화에 관한 법률에 근거하며 만기가 긴 채권이다.
④ 부동산개발PF ABS는 상법에 근거하며 만기가 짧은 채권이다.
⑤ 한국주택금융공사는 주택저당증권을 기초로 주택저당채권을 발행한다.

69 유동화증권(MBS)에 관한 설명으로 옳은 것은? 35회 적중(100%)

① MPTB : 조기상환위험은 투자자가 부담하고, 채무불이행위험은 증권발행자가 부담한다.
② MPTS : MBB증권보다 수명이 더 길고 더 많은 초과담보를 확보하고 있다.
③ MPTB : 위험 - 수익 구조가 다양한 트랜치의 증권이다.
④ MBB : 원차입자의 채무불이행이 발생하면 증권발행자가 투자자에게 원리금을 지급하지 않는다.
⑤ MPTS는 부채를 나타내는 증권이므로 유동화기관의 장부에 부채로 표기된다. 감평 36회

70 한국주택금융공사의 주택연금제도에 대한 설명으로 옳은 것은? 35회 적중(100%)

① 주택소유자와 배우자가 모두 만 55세 이상의 대한민국 국적자이어야 한다.
② 다주택자는 주택연금에 가입할 수 없다.
③ 주거용과 업무용 오피스텔도 대상주택에 포함된다.
④ 주택연금은 기간이 경과할수록 대출잔액이 증가한다.
⑤ 주택연금은 한국주택금융공사가 저당권방식과 신탁방식 중 하나를 결정한다.

71 민간투자사업방식 등에 관한 설명으로 옳은 것은?

① 민관합동개발 : 제 1섹터 개발이라고도 하며, 민간이 자본과 기술을 제공하고 공공기관이 인·허가 등 행정적인 부분을 담당하는 상호 보완적인 개발을 말한다.
② BOT : 사업시행자가 시설을 준공하여 소유권을 보유하면서 시설의 수익을 가진 후 일정 기간 경과 후 시설소유권을 국가 또는 지방자치단체에 귀속시키는 방식이다.
③ BTL : 시설의 준공과 함께 시설의 소유권이 국가 또는 지방자치단체에 귀속되지만, 사업시행자가 정해진 기간 동안 시설에 대한 운영권을 가지고 수익을 내는 방식이다.
④ BOO : 사업시행자가 시설을 준공하여 소유권을 보유하면서 국가나 지방자치단체에 임대하여 수익을 낸 후 일정 기간 경과 후 시설소유권을 국가 또는 지방자치단체에 귀속시키는 방식이다.
⑤ BTO : 사업시행자가 시설의 준공과 함께 소유권을 국가 또는 지방자치단체로 이전하고, 해당 시설을 국가나 지방자치단체에 임대하여 수익을 내는 방식이다.

72 프로젝트금융에 관한 설명으로 옳은 것은?

① 채권자는 사업주의 개인자산에 대해 채권의 변제를 청구할 수 있다.
② 사업주의 입장에서는 비소구금융 및 부외금융효과가 있다.
③ 실체가 없는 서류상 회사인 프로젝트금융투자회사(PFV)는 법인세를 감면받을 수 없다.
④ 사업주의 신용과 자산을 담보로 필요한 자금을 융통하는 방식이다.
⑤ 개발사업의 현금흐름을 통제하기 위해서 대출자는 개발자금을 직접 관리한다.

73 지분금융, 부채금융, 메자닌금융으로 구분하는 경우 부채금융에 해당되는 것은 모두 몇 개인가?

㉠ 유동화증권(MBS)	㉡ 증자	㉢ 회사채(공모)
㉣ 신탁증서금융	㉤ 후순위대출	㉥ 전환우선주
㉦ 투자신탁	㉧ 주택상환채권	㉨ 신주(보통주)
㉩ 신주인수권부사채	㉪ 부동산신디케이트	㉫ 저당금융

① 2개　② 3개　③ 4개　④ 5개　⑤ 6개

74 부동산투자회사법에 관한 설명으로 옳은 것은?

① 자기관리 부동산투자회사의 설립자본금은 50억원 이상이다.
② 영업인가를 받거나 등록을 한 날부터 6개월이 지난 위탁관리 부동산투자회사의 자본금은 50억원 이상이어야 한다.
③ 기업구조조정 부동산투자회사는 자산운용 전문인력을 포함한 임직원을 상근으로 두고 자산의 투자·운용을 직접 수행하는 회사를 말한다.
④ 자기관리 부동산투자회사와 기업구조조정 부동산투자회사는 자산운용 전문인력을 상근으로 두어야 한다.
⑤ 부동산투자회사는 설립자본금 이상을 갖추기 전에는 현물출자를 받는 방식으로 신주를 발행할 수 없다.

75 부동산투자회사법에 관한 설명으로 옳은 것은? 35회 적중(75%)

① 자기관리 부동산투자회사는 투자자산을 자산관리회사에 위탁하여야 하며, 자산관리회사의 경우 최저자본금 10억원 및 등록이 필요하다.
② 자기관리 부동산투자회사는 최저자본금준비기간이 끝난 후에는 매 분기 말 현재 총자산의 100분의 80 이상이 부동산(건축 중인 건축물 포함)이어야 한다.
③ 자산운용 전문인력으로 상근하는 공인중개사는 해당분야에 3년 이상 종사한 사람이어야 한다.
④ 부동산투자회사의 주주 1인과 그 특별관계자는 부동산투자회사가 발행한 주식 총수의 100분의 50을 초과하여 주식을 소유할 수 없다는 규정은 기업구조조정 부동산투자회사에는 적용되지 않는다.
⑤ 부동산투자회사는 자기자본의 10배까지 차입이 가능하며, 주주총회의 특별결의를 거치면 자기자본의 2배까지 차입이 가능하다.

> **참고** 전문인력의 요건 35회 기출지문
> • 부동산투자회사에서 3년을 근무한 사람(×)
> • 부동산투자회사 등에 5년 이상 근무하고 그중 3년 이상을 해당업무에 종사한 경력이 있는 사람(○)

76 부동산 개발위험에 관한 설명으로 옳은 것은?

① 부동산개발이란 조성, 건축, 대수선, 리모델링, 용도변경 또는 설치되거나 될 예정인 부동산을 공급하는 것을 말하며, 이때 시공을 담당하는 행위도 포함한다.
② 토지이용의 집약도란 토지의 단위면적에 투입되는 노동과 자본의 양을 말하며, 도심에서 외곽으로 갈수록 커진다.
③ 도시의 성장과 개발이 정부의 계획대로 질서 있게 확산되는 현상을 도시스프롤현상이라고 한다.
④ 부실공사 가능성은 시행사 또는 시공사가 스스로 관리할 수 없는 위험에 해당한다.
⑤ 법적위험을 최소화하기 위해서 시행사는 이미 이용계획이 확정된 토지를 매입하는 것이 필요하다.

77 부동산개발의 긍정요소에 해당되는 것은 모두 몇 개인가?

㉠ 조합원 이주비용 감소	㉥ 기부채납 감소
㉡ 용적률 감소	㉦ 공사기간 연장
㉢ 대출금리 상승	㉧ 분양가격 상승
㉣ 공사비 하락	㉨ 분양률 상승
㉤ 건설자재 가격하락	㉩ 조합원부담금 증가

① 3개 ② 4개 ③ 5개 ④ 6개 ⑤ 7개

78 부동산개발에 관한 설명으로 옳은 것은?

① 부동산분석은 일반적으로 시장분석 ⇨ 시장성분석 ⇨ 지역경제분석 ⇨ 타당성분석 ⇨ 투자분석의 과정을 거친다.
② 흡수율분석은 부동산시장의 추세를 파악하는 데 도움을 주는 것으로, 과거의 추세를 분석해서 미래를 예측하는 것이 주된 목적이다.
③ 타당성분석은 개발된 부동산이 현재나 미래의 시장상황에서 매매·임대될 수 있는 가능성 정도를 조사하는 것을 말한다.
④ 타당성분석에 활용된 투입요소의 변화가 그 결과치에 어떠한 영향을 주는가를 분석하는 기법을 흡수율분석이라고 한다.
⑤ 개발사업에 대한 타당성분석 결과가 개발업자에 따라 달라져서는 안 된다.

79 X와 Y지역의 산업별 고용자수가 다음과 같을 때, X지역의 입지계수(LQ)에 따른 기반산업의 개수와, X지역 D산업의 입지계수는? (단, 주어진 조건에 한함)

구 분	X지역	Y지역	전지역
A산업	30	50	80
B산업	50	40	90
C산업	60	50	110
D산업	100	20	120
E산업	80	60	140
전산업 고용자수	320	220	540

① 1개, 1.2 ② 1개, 1.4 ③ 2개, 0.8
④ 2개, 1.4 ⑤ 3개, 1.2

80 민간의 토지개발방식에 관한 설명으로 옳은 것은? 35회 적중(100%)

① 부동산신탁에 있어서 당사자는 부동산 소유자인 위탁자와 부동산 신탁회사인 신탁자 및 신탁재산의 수익권을 배당 받는 수익자로 구성되어 있다.
② 토지개발신탁은 상가 등 건축물 분양의 투명성과 안정성을 확보하기 위하여 신탁회사에게 사업부지의 신탁과 분양에 따른 자금관리업무를 부담시키는 것이다.
③ 관리신탁은 처분방법이나 절차가 까다로운 부동산에 대한 처분업무 및 처분완료시까지의 관리업무를 신탁회사가 수행하는 것이다.
④ 개발사업의 방식 중 사업위탁방식과 신탁개발방식의 공통점은 토지소유자가 개발사업의 전문성이 있는 제3자에게 토지소유권을 이전하고 사업을 위탁하는 점이다.
⑤ 저당권설정방식은 담보신탁방식보다 소요되는 경비가 많고, 채무불이행시 부동산 처분 절차가 복잡하다.

81 부동산개발 사업방식에 관한 설명으로 옳은 것은? 35회 적중(100%)

① 공사비대물변제방식은 토지소유자는 토지를 제공하고 개발업자는 건물을 건축한 후 분양하고 분양수입금을 기여도에 따라 배분하는 방식이다.
② 정비사업의 종류에는 주거환경개선사업, 재개발사업, 재건축사업, 공공주거환경개선사업, 공공재개발사업, 공공재건축사업이 있다.
③ 환지방식으로 개발된 토지 중 토지소유자에게 재분배하는 토지를 보류지라고 한다.
④ 개발의 속도와 개발이익의 환수라는 측면에서 환지방식이 수용방식보다 유리하고, 사업비부담의 측면과 매각부담의 측면에서는 수용방식이 환지방식보다 유리하다.
⑤ 도시저소득 주민이 집단거주하는 지역으로서 정비기반시설이 극히 열악하고 노후·불량건축물이 과도하게 밀집한 지역의 주거환경을 개선하기 위한 사업을 주거환경개선사업이라고 한다.

82 부동산관리에 관한 설명으로 옳은 것은? 35회 적중(100%)

① 자산관리자의 중요한 업무내용으로는 포트폴리오관리, 재투자여부 결정, 외주관리, 에너지관리 등이 있다. 감평 36회
② 재산관리란 각종 부동산시설을 운영하고 유지하는 것으로 시설사용자나 건물주의 요구에 단순히 부응하는 정도의 소극적이고 기술적인 측면의 관리를 말한다.
③ 위탁관리의 장점은 전문적인 관리와 인건비 절감이고, 단점은 기밀유지의 어려움과 종합적 관리의 어려움 등이다.
④ 토지의 경계측량은 법률적 관리이고, 부동산의 운영에 필요한 인력관리는 기술적 관리이다.
⑤ 건물의 이용에 의한 마멸, 파손, 노후화, 우발적 사고 등으로 사용이 불가능할 때까지의 기간을 기능적 내용연수라고 한다.

83 부동산관리에 관한 설명으로 옳은 것은?

① 순임대차는 일반적으로 기본임대료에 추가임대료를 더하여 임대료를 산정한다.
② 주거용 부동산의 임대차 계약방식은 비율임대차가 일반적이다.
③ 화재로 인한 교체공사 기간 중 발생하는 임대료 손실에 대해 보상을 받기 위해서는 책임보험에 가입해야 한다.
④ 대응적 유지활동은 시설을 교환하고 수리하는 사전적 유지활동을 의미한다.
⑤ 건물의 수명현상은 전개발단계, 신축단계, 안정단계, 노후화단계, 완전폐물단계로 구성되며, 건물의 관리는 안정단계의 기간을 연장시키는 것이 주목적이다.

84 분양면적 300m²인 매장용 부동산의 예상임대료는? (단, 비율임대차방식 적용) 35회 적중(20%)

- 예상매출액: 분양면적 m²당 500,000원
- 기본임대료: 분양면적 m²당 4만원
- 손익분기점 매출액: 1억원
- 손익분기점 매출액 초과 매출액에 대한 추가임대료율: 20%

① 1,200만원 ② 1,500만원 ③ 2,200만원
④ 2,500만원 ⑤ 3,000만원

85 부동산마케팅의 세 가지 전략에 관한 설명으로 옳은 것은?
① 시장세분화 전략은 부동산시장에서 마케팅활동을 수행하기 위하여 경쟁하고 있는 공급자의 집단을 세분하는 것이다.
② 프로모우션(promotion)은 목표시장에서 고객의 욕구를 파악하여 경쟁 제품과 차별성을 가지도록 제품 개념을 정하고 소비자의 지각 속에 적절히 위치시키는 것이다.
③ 고객점유마케팅 전략에서는 공급자와 소비자의 관계를 일회적이 아닌 지속적인 관계로 유지하려 한다.
④ 4P mix 전략은 시장세분화(segmentation), 표적시장 선정(targeting), 포지셔닝(positioning)으로 구성된다.
⑤ 고객점유마케팅의 핵심요소인 AIDA의 원리는 주의(attention), 관심(interest), 욕망(desire), 행동(action)의 단계가 있다. 감평 36회

86 부동산 마케팅 믹스 전략에 관한 설명으로 옳은 것은? 35회 적중(100%)
① 마케팅 믹스는 유통경로(Place), 판매촉진(Promotion), 가격(Price)의 세 가지 요소로 구성된다.
② 마케팅 믹스란 광고효과를 극대화하기 위해 신문광고, 팜플렛광고 등의 광고매체를 조합하는 것을 말한다.
③ 마케팅믹스의 가격관리에서 신축가격(적응가격)정책은 위치, 방위, 층, 지역 등에 따라 각기 다른 가격으로 판매하는 정책이다.
④ 부동산중개업소를 적극적으로 활용하는 전략은 판매촉진(Promotion)전략에 해당된다.
⑤ 체크포인트(check-point)는 상품으로서 부동산이 지니는 여러 특징 중 구매자(고객)의 욕망을 만족시켜 주는 특징을 말한다.

87 감정평가 3방식에 관한 설명으로 옳은 것은?

① 적산법이란 대상물건의 기초가액에 기대이율을 곱하여 산정된 기대수익에 필요한 경비를 더하여 대상물건의 임대료를 산정하는 방법을 말한다.
② 원가법이란 대상물건의 건축공사비에 감가수정을 하여 대상물건의 가액을 산정하는 감정평가방법을 말한다.
③ 감가수정이란 재조달원가를 감액하여야 할 요인이 있는 경우에 물리적 감가, 기능적 감가 또는 경제적 감가 등을 고려하여 그에 해당하는 금액을 재조달원가에서 가산하여 기준시점에 있어서의 대상물건의 가액을 적정화하는 작업을 말한다.
④ 공시지가기준법이란 표준지공시지가를 기준으로 사정보정, 시점수정, 지역요인 및 개별요인 비교, 그 밖의 요인의 보정을 거쳐 대상토지의 가액을 산정하는 감정평가방법을 말한다.
⑤ 수익분석법이란 대상물건이 현재 산출하고 있는 순수익이나 현재의 현금흐름을 환원하거나 할인하여 대상물건의 가액을 산정하는 방법이다.

88 감정평가규칙에 관한 설명으로 옳은 것은?

① 시장가치란 대상물건이 일반적인 시장에서 충분한 기간 동안 공개된 후 그 대상물건의 내용에 정통한 당사자 사이에 자발적인 거래가 있을 경우 성립될 가능성이 가장 높다고 인정되는 평균가액을 말한다.
② 적정한 실거래가란 '부동산 거래신고 등에 관한 법률'에 따라 신고된 실제 거래가격으로서 거래시점이 도시지역은 3년 이내, 그 밖의 지역은 5년 이내인 거래가격이어야 한다. 감평 36회
③ 시장성의 원리에 기초한 감정평가방식은 거래사례비교법과 임대사례비교법 및 공시지가기준법을 말한다.
④ 동일수급권은 감정평가의 대상이 된 부동산이 속한 지역으로서 부동산의 이용이 동질적이고 가치형성요인 중 지역요인을 공유하는 지역을 말한다.
⑤ 가치발생요인이란 대상물건의 경제적 가치에 영향을 미치는 일반요인, 지역요인 및 개별요인 등을 말한다.

89 감정평가규칙에 관한 설명으로 옳은 것은? 35회 적중(50%)

① 기준시점이란 감정평가액을 결정하는 기준이 되는 날짜이며, 기준시점은 가격조사를 완료한 날짜 또는 감정평가를 완료한 날짜로 한다.
② 기준가치란 감정평가의 기준이 되는 가치를 말하며, 감정평가의 기준가치는 평가의뢰인이 요구하는 가격이다.
③ 일체로 이용되고 있는 대상물건의 일부분에 대하여 감정평가하여야 할 특수한 목적이나 합리적인 이유가 있는 경우에는 그 부분만 감정평가할 수 있다.
④ 감정평가는 평가시점에서의 대상물건의 이용상황 및 공법상 제한을 받는 상태를 기준으로 하며, 불법적인 이용이나 일시적인 이용은 이를 고려하지 않는다.
⑤ 시산가액은 감정평가 3방식에 의하여 도출된 각각의 가액이며 이를 조정하는 경우 각각의 가격을 산술평균하여야 한다.

90 물건별 감정평가에 관한 설명으로 옳은 것은? 35회 적중(100%)

① 시산가액 조정시, 공시지가기준법과 그 밖의 비교방식에 속한 감정평가방법은 동일한 감정평가방식으로 본다. 감평 36회
② 감정평가법인등은 토지와 건물을 일괄하여 감정평가할 때에는 수익환원법을 적용하여야 한다.
③ 토지, 과수원, 임대료, 자동차의 주된 감정평가방법은 동일하다.
④ 감정평가법인등은 산림을 감정평가할 때에 산지와 입목(立木)을 구분하여 감정평가해야 한다. 이 경우 입목은 거래사례비교법을 적용한다.
⑤ 감정평가법인등은 광업재단을 감정평가할 때에는 재단을 구성하는 개별 물건의 감정평가액을 합산하여 감정평가해야 한다.

91 가격제원칙에 관한 설명으로 옳은 것은?

① 기여의 원칙에 의하면 부동산의 가격은 부동산 구성요소의 생산비를 모두 합친 것과 같은 금액이며, 추가투자여부를 판단할 때 유용한 가격제원칙이다.
② 예측의 원칙은 부동산의 가치는 항상 변동의 과정에 있다는 원칙이다. 따라서 부동산을 감정평가하는 경우 항상 평가의 기준이 되는 기준시점의 확정이 필요하게 된다.
③ 균형의 원칙은 구성요소의 결합에 대한 내용으로, 균형을 이루지 못하는 과잉부분은 원가법을 적용할 때 기능적 감가로 처리한다.
④ 수요공급의 원칙은 추가투자를 판단하는 경우 유용한 가격제원칙이다.
⑤ 균형의 원칙은 대체성 있는 2개 이상의 재화가 존재할 때 그 재화의 가격은 서로 관련되어 이루어진다는 원칙으로 유용성이 동일할 때는 가장 가격이 싼 것을 선택하게 된다.

92 지역분석과 개별분석에 관한 설명으로 옳은 것은?

① 개별분석의 대상은 인근지역, 유사지역, 동일수급권이다.
② 지역분석은 미시적이고 구체적인 분석이다.
③ 지역분석의 목적은 대상부동산의 최유효이용을 판정하는 것이다.
④ 지역분석의 결과 적합의 원칙에 위배된 이용을 하는 부동산에는 경제적 감가가 발생한다.
⑤ 거래사례비교법에서 사례자료를 유사지역에서 구할 경우 지역요인의 비교과정은 필요하지 않다.

93 원가법과 수익환원법에 대한 설명으로 옳은 것은? 35회 적중(50%)

① 재조달원가는 준공시점의 건축공사비를 의미한다.
② 재조달원가를 대체원가로 구하는 경우 기능적 감가는 하지 않는다.
③ 감가수정방법으로는 내용연수법, 관찰감가법, 분해법 등이 있으며, 분해법은 다시 정액법과 정률법 및 상환기금법으로 구분한다.
④ 정률법은 매년 감가액이 일정하다.
⑤ 수익가격 산정에 필요한 환원이율을 구하는 방법으로는 조성법, 시장추출법, 투자결합법, 상환기금법, 엘우드법이 있다.

94 다음과 같이 조사된 건물의 기준시점 현재의 원가법에 의한 감정평가 가격은? (단, 감가수정은 정액법에 의함)

- 준공시점: 2023년 1월 1일
- 기준시점: 2025년 1월 1일
- 준공시점의 공사비(매년 공사비 상승률 20%)
    - 직접공사비: 4억원
    - 간접공사비: 6천만원
    - 개발업자의 적정이윤: 4천만원
- 기준시점 현재 경제적 내용연수: 50년
- 기준시점 현재 물리적 내용연수: 60년
- 내용연수 만료시 잔존가치율: 10%

① 642,500,000원 ② 694,080,000원 ③ 702,640,000원
④ 720,000,000원 ⑤ 732,500,000원

95 공작기계 1대를 취득원가 8,000,000원에 2년 전에 구입하였다. 현재 기준시점의 재조달원가는 10,000,000원이다. 원가법으로 평가한 현재 가액은? (단, 감가수정은 정률법을 적용하되, 연간 감가율은 0.2이며, 주어진 조건에 한함) 감평 36회

① 5,120,000원 ② 6,400,000원 ③ 7,500,000원
④ 8,000,000원 ⑤ 10,000,000원

96 순영업소득이 연 60,000,000원인 대상부동산의 수익가치는? 35회 적중(100%)

(가)의 조건
- 부채서비스액: 연 15,000,000원
- 지분비율 : 대부비율 = 80% : 20%
- 대출조건: 이자율 연 10%로 10년간 매년 원리금균등상환
- 저당상수(이자율 연 10%, 기간 10년): 0.16

(나)의 조건
- 토지가액 : 건물가액 = 40% : 60%
- 토지환원이율: 3%
- 건물환원이율: 8%

	(가)의 조건	(나)의 조건
①	468,750,000원	1,000,000,000원
②	482,550,000원	980,000,000원
③	500,000,000원	600,000,000원
④	524,250,000원	500,000,000원
⑤	600,000,000원	468,750,000원

97 다음 자료를 활용하여 공시지가기준법으로 산정한 대상토지의 단위면적당 시산가액은? (단, 주어진 조건에 한함)

- 대상토지 현황: A시 B구 C동 120번지, 일반상업지역, 상업용
- 기준시점: 2024.10.26.
- 표준지공시지가(A시 B구 C동, 2024.1.1. 기준)

	소재지	용도지역	이용상황	공시지가(원/m²)
1	C동 110	준주거지역	상업용	6,000,000
2	C동 130	일반상업지역	상업용	8,000,000

- 지가변동률(A시 B구, 2024.1.1. ~ 2024.10.26.)
  - 주거지역: 3% 상승
  - 상업지역: 5% 상승
- 지역요인: 표준지와 대상토지는 인근지역에 위치하여 지역요인 동일함
- 개별요인: 대상토지는 표준지 기호 1에 비해 개별요인 10% 우세하고, 표준지 기호 2에 비해 개별요인 3% 열세함
- 그 밖의 요인 보정: 대상토지 인근지역의 가치형성 요인이 유사한 정상적인 거래사례 및 평가사례 등을 고려하여 그 밖의 요인으로 50% 증액 보정함
- 상승식으로 계산할 것

① 6,798,000원/m² ② 8,148,000원/m² ③ 10,197,000원/m²
④ 12,222,000원/m² ⑤ 13,860,000원/m²

⇨ 36회 대비: 표준지가 유사지역에 있는 경우 비교표준지가 속한 지역의 지가변동률을 적용하는 계산문제 대비

98 거래사례비교법으로 산정한 대상토지의 감정평가액은? 35회 적중(50%)

- 대상토지: A시 B구 C동 350번지, 180m²(면적), 대(지목), 주상용(이용상황), 제2종일반주거지역(용도지역)
- 기준시점: 2024.6.30.
- 거래사례의 내역(거래시점: 2024.1.1.)

	소재지(유사지역)	용도지역	토지면적	이용상황	거래가격
1	D동 110	제2종 일반주거지역	200m²	주거용	2억원
2	D동 130	일반상업지역	150m²	주상용	4억원

- 거래사례는 1과 2 모두 정상적인 가격보다 20% 저가로 거래됨(사정보정치 1.25)
- 지가변동률(2024.1.1. ~ 2024.6.30.): 1사분기 지가변동률은 4% 상승하고, 2사분기 지가변동률은 1% 하락함
- 지역요인: 인근지역이 유사지역보다 8% 우세함
- 개별요인: 대상토지는 거래사례에 비해 5% 열세함
- 상승식으로 계산할 것

① 237,683,160원 ② 242,392,500원 ③ 248,600,000원
④ 249,227,500원 ⑤ 250,000,000원

99 부동산가격공시제도에 관한 설명으로 옳은 것은?

① 국토교통부장관이 표준주택가격을 조사·평가할 때에는 감정평가법인에 의뢰하여야 한다.
② 표준주택은 단독주택과 공동주택 중에서 각각 대표성 있는 주택을 선정한다.
③ 개별공시지가의 적정가격을 조사·평가하는 경우에는 인근 유사토지의 거래가격·임대료 및 당해 토지와 유사한 이용가치를 지닌다고 인정되는 토지의 조성에 필요한 비용추정액 등을 종합적으로 참작하여야 한다.
④ 표준지로 선정된 토지와 조세 또는 부담금 등의 부과대상인 토지 등에 대하여는 개별공시지가를 결정·공시하지 아니할 수 있다. 이 경우 표준지로 선정된 토지에 대하여는 해당 토지의 표준지공시지가를 개별공시지가로 본다.
⑤ 시장·군수·구청장은 공시기준일 이후에 분할·합병 등이 발생한 토지에 대하여는 개별공시지가는 1월 1일 또는 7월 1일을 공시기준일로 한다.

100 부동산가격공시제도에 관한 설명으로 옳은 것은? 35회 적중(100%)

① 개별공시지가를 산정할 때에는 그 타당성에 대하여 반드시 감정평가법인등의 검증을 받아야 한다.
② 국토교통부장관은 표준주택에 대하여 매년 공시기준일 현재 적정가격을 조사·산정하고, 시·군·구 부동산가격공시위원회의 심의를 거쳐 이를 공시하여야 한다.
③ 도시·군계획시설로서 공원으로 지정된 토지에 대해서는 개별공시지가를 결정·공시하지 아니할 수 있다.
④ 공동주택가격은 주택시장의 가격정보를 제공하고, 국가·지방자치단체 등이 과세 등의 업무와 관련하여 주택의 가격을 산정하는 경우에 그 기준으로 활용될 수 있다.
⑤ 개별주택가격과 공동주택가격에 이의가 있는 자는 그 공시일부터 30일 이내에 서면으로 시장·군수 또는 구청장에게 이의를 신청할 수 있다.

정답

박문각 공인중개사

100선 정답

1	2	3	4	5	6	7	8	9	10
③	③	①	②	②	⑤	③ (㉠,㉣,㉤)	③	④	③ (㉠,㉡,㉥)
11	12	13	14	15	16	17	18	19	20
② (㉠,㉢)	④	③	②	②	③	⑤	①	③	⑤
21	22	23	24	25	26	27	28	29	30
④	④	⑤	③	③	②	③	①	②	③
31	32	33	34	35	36	37	38	39	40
①	③	⑤	①	⑤	④	⑤	⑤ (㉠,㉢,㉥,㉦,㉧,㉨)	④	③ (㉠,㉡,㉦)
41	42	43	44	45	46	47	48	49	50
①	③	③	①	③	⑤	③	②	②	①
51	52	53	54	55	56	57	58	59	60
④	②	⑤	③	⑤	④	③	①	④	⑤
61	62	63	64	65	66	67	68	69	70
④	③	③	②	⑤	⑤	④	①	①	④
71	72	73	74	75	76	77	78	79	80
②	②	④ (㉠,㉢,㉣,㉧,㉩)	②	④	⑤	④ (㉠,㉣,㉤,㉥,㉧,㉨)	②	②	⑤
81	82	83	84	85	86	87	88	89	90
⑤	③	⑤	③	⑤	③	①	②	③	④
91	92	93	94	95	96	97	98	99	100
③	④	②	②	②	①	④	①	⑤	④

제36회 공인중개사 시험대비 **전면개정**

2025 박문각 공인중개사
김백중 파이널 패스 100선 **1차** 부동산학개론

초판인쇄 | 2025. 8. 5. **초판발행** | 2025. 8. 10. **편저** | 김백중 편저
발행인 | 박 용 **발행처** | (주)박문각출판 **등록** | 2015년 4월 29일 제2019-000137호
주소 | 06654 서울시 서초구 효령로 283 서경 B/D 4층 **팩스** | (02)584-2927
전화 | 교재 주문 (02)6466-7202, 동영상문의 (02)6466-7201

저자와의
협의하에
인지생략

이 책의 무단 전재 또는 복제 행위는 저작권법 제136조에 의거, 5년 이하의 징역 또는 5,000만원 이하의 벌금에 처하거나 이를 병과할 수 있습니다.

정가 22,000원
ISBN 979-11-7519-031-3

박문각 공인중개사